Jeffrey J. Fox

Die Kunst, ein toller Chef zu sein

Jeffrey J. Fox

Die Kunst, ein toller Chef zu sein

Aus dem Amerikanischen übersetzt
von Carsten Roth

REDLINE WIRTSCHAFT
bei verlag moderne industrie

Bibliografische Information Der Deutschen Bibliothek
Die Deutsche Bibliothek verzeichnet diese Publikation in der Deutschen Nationalbibliografie; detaillierte bibliografische Daten sind im Internet über http://dnb.ddb.de abrufbar.

Copyright © by Jeffrey J. Fox
Published by Arrangement with Jeffrey J. Fox
Dieses Werk wurde durch die Literarische Agentur Thomas Schlück GmbH, 30827 Grabsen vermittelt

© Copyright der deutschsprachigen Ausgabe 2002 REDLINE Wirtschaft bei verlag moderne industrie AG, 80992 München

Titel der amerikanischen Originalausgabe: „How to become a great Boss: The Rules for Getting and Keeping the Best Employees", erschienen bei Hyperion, New York, USA.

Aus dem Amerikanischen übersetzt von Carsten Roth

Alle Rechte, insbesondere das Recht der Vervielfältigung und Verbreitung sowie der Übersetzung, vorbehalten. Kein Teil des Werkes darf in irgendeiner Form (durch Fotokopie, Mikrofilm oder ein anderes Verfahren) ohne schriftliche Genehmigung des Verlages reproduziert oder unter Verwendung elektronischer Systeme gespeichert, verarbeitet, vervielfältigt oder verbreitet werden.

Umschlaggestaltung: simson&buß, München
Illustration: Thomas Berendt, Braunschweig
Satz: mi, J. Echter
Druck und Bindearbeiten: Himmer, Augsburg
Printed in Germany 38620/020303
ISBN 3-478-38620-9

28 „Lassen Sie sie doch Kuchen essen!" ... 103

29 Schießen Sie nicht mit Worten 106

30 Vereinbarung zur Konfrontation 109

31 Überraschen Sie! 112

32 Seien Sie niemals kleinlich,
    setzen Sie niemals jemanden herab 116

33 Hören Sie auf Schwindler,
    Narren und Betrüger 120

34 Kontrollieren Sie keine Spesenkonten . 122

35 Der Trainingsbus 126

36 Viel Glück! 130

37 Seien Sie hart, fair und freundlich,
    aber kein Freund 133

38 „Stopp" bringt nur beim
    Scrabble Punkte 136

39 Ihre Mitarbeiter sind Ihr Helium 140

40 Verbringen Sie 90 Prozent Ihrer Zeit
    mit Ihren besten Leuten 142

41 Ausreden zählen nicht 145

42 Lehren Sie jeden Tag zehn Minuten lang. 149

43 Stellen Sie die Verhaltensregeln auf den Prüfstand (Teil 1) 151

44 Stellen Sie die Verhaltensregeln auf den Prüfstand (Teil 2) 156

45 Der Adler holt keine Ratten aus ihren Löchern 159

46 Stehen Sie für Ihr Team ein........... 161

47 Große Erwartungen................. 164

48 Ein wenig schrullig zu sein geht in Ordnung 167

49 Werden Sie nicht müde 170

50 Gewinnen Sie nicht den Wetteinsatz ... 173

**Epilog – **Tolle Chefs schaffen tolle Chefs..................... 175

Besondere Danksagungen............... 183

Stichwortverzeichnis.................... 191

Inhalt

Widmung 9
1 Mister Hart 13
2 Die einfache Erfolgsformel
   für tolle Chefs 16
3 Unternehmen handeln so wie ihr Chef . . 18
4 Der wirkliche Chef ist der Kunde 21
5 Erziehen oder feuern 24
6 Der neue Besen muss nicht
   unbedingt gut kehren 27
7 Mittelmaß ist Böswilligkeit 31
8 Langsam einstellen, aber schnell feuern
   (Teil 1) 33
9 Langsam einstellen, aber schnell feuern
   (Teil 2) 37
10 Man muss nicht unbedingt
   den harten Mann spielen 40
11 Das Prinzip „Einer über dem anderen"
   mit Vetorecht 44
12 A + A = A. Stellen Sie nur erstklassige
   Bewerber ein 48

13	Die Regel der D's.	51
14	Es heißt „Restaurateur" und nicht „Restauranteur".	55
15	Wandeln Sie eine Kündigung in Ermutigung um	59
16	Der Sohn der Näherin	63
17	Der großzügige Chef	66
18	Delegieren Sie immer weiter nach unten.	71
19	Vorsicht: Siebener stellen Fünfer ein...	73
20	Fragen Sie: „Was würden Sie tun, wenn ich tot wäre?"	75
21	Stellen Sie keinen Hund ein, um dann selbst zu bellen	78
22	Sie bekommen, was Sie kontrollieren, und nicht, was Sie erwarten.	82
23	Passen Sie auf	85
24	Hören Sie immer und jedem zu	88
25	Versprechen Sie etwas und halten Sie sich daran	92
26	„Lassen Sie niemals zu, dass ich einen Fehler mache."	96
27	Sieben weit verbreitete Worte	100

Widmung

Dieses Buch widme ich allen großartigen Chefs überall auf der Welt – in großen und kleinen Unternehmen, in Familien, in Klassenzimmern, auf Sportplätzen, beim Militär, in Küchen, am Altar, in der Schusslinie, draußen an der Front. Ich widme es den stets besorgten Müttern, die ihre Töchter schmeichelnd, gut zuredend, beschützend und ermutigend zu Frauen erziehen. Ich widme es den Unternehmern, die nicht fragen weshalb, wenn ein vertrauenswürdiger Mitarbeiter aus persönlichen Gründen um einen oder zwei Tage Urlaub bittet. Ich widme es den Lehrern, die ihren Schülern im Aufsatz zwar eine Vier für Grammatik, aber eine Eins für Kreativität geben, und immer ein motivierendes „Gut gemacht!" darunter schreiben. Ich widme es den Trainern, die zum Abschluss einer Saison jedem Spieler ihrer Mannschaft in einer würdigen Zeremonie ein besonderes Lob aussprechen und sich mit einer Medaille bedanken. Ich widme es den Hauptfeldwebeln, die dafür sorgen, dass ihre Soldaten und Feldwebel sicher zurückkehren. Ich widme es dem Literaturagenten, der ganz offen sagt: „Wir können die Buchrechte nicht nach China verkaufen, wenn wir kein Manuskript vorliegen haben." Ich widme es der Lekto-

rin, die mich ständig an die Abgabetermine erinnert und zuckersüß anmerkt: „Wenn Sie noch einen Termin überschreiten, dann bringe ich Sie um!" Ich widme es meiner Ehefrau, die sagt: „Hör auf dich zu beschweren und schreibe dieses verdammte Buch!" Ich widme es allen Mitarbeitern und Vorgesetzten auf der ganzen Welt, die sich anstrengen müssen, damit sie ihren Job richtig machen können.

Für Evelyn Boos, unsere tolle Chefin

„Wie kann das Schicksal dieses Menschen nur in die Hände von Dummköpfen geraten."

Bob Dylan

„Kreuzigt sie nicht, bevormundet sie nicht."

Willie Nelson

◆ 1 ◆

Mister Hart

Ein großartiger Chef bewegt Menschen. Ein großartiger Chef lobt seine Mitarbeiter und spendet ihnen Beifall. Ein großartiger Chef lässt die Leute an sich glauben und vermittelt ihnen das Gefühl, sie seien etwas Besonderes, Auserwählte, Berufene. Bei einem großartigen Chef fühlen sich Mitarbeiter wohl.

△▽△▽△

Großartige Chefs sind unvergesslich. Innerhalb von sechzig Sekunden schuf dieser Chef sich ein Andenken, das über sechzig Jahre lang währen sollte.

Der Angestellte war 24 Jahre alt und es war seine erste richtige Anstellung. Er war gerade einmal fünf Wochen in dieser Firma.

An diesem Morgen hörte er ein Klopfen an der knapp zwei Meter hohen Glaswand, die sein Büro umgab. „Entschuldigen Sie, Mr. Godfrey, mein Name ist Ralph Hart", sagte ein höflicher, sehr gut gekleideter, etwa sechzigjähriger Mann. „Haben Sie einen Augenblick Zeit für mich?"

„Selbstverständlich", antwortete der junge Angestellte, der zwar den Namen des legendären Vorstandsvorsitzenden, ihn selbst aber noch nicht kannte. „Vielen Dank", sagte Mister Hart. „Mr. Godfrey, darf ich Ihnen einige Dinge über Ihr Unternehmen erzählen?" Nachdem der Angestellte nickte, fuhr Mr. Hart fort: „Mr. Godfrey, Ihr Unternehmen ist ein erstklassiges Unternehmen. Wir haben erstklassige Produkte. Wir betreiben eine erstklassige Werbung. Und manchmal fliegen wir sogar erster Klasse, weil Fluggesellschaften zu unseren erstklassigen Kunden zählen."

Als er seinem neuen Angestellten die Hand reichte, machte Mr. Hart eine kurze Pause, sah Godfrey an und schloss: „Und, Mr. Godfrey, wir beschäftigen ausschließlich erstklassiges Personal. Willkommen bei Heublein."

Wenn Sie glauben, dass fähige und motivierte Mitarbeiter der Schlüssel zum Erfolg eines Unternehmens sind, dann hat Mr. Hart Sie gerade sehr viel gelehrt. Wenn Sie nicht daran glauben, sollten Sie nicht weiterlesen und dieses Buch einem anderen schenken.

◆ 2 ◆

Die einfache Erfolgsformel für tolle Chefs

1. Stellen Sie ausschließlich erstklassige Spitzenkräfte ein.

2. Setzen Sie die richtigen Leute in der richtigen Position ein. Sondern Sie die falschen Mitarbeiter aus.

3. Sagen Sie den Mitarbeitern, was getan werden muss.

4. Sagen Sie den Mitarbeitern, warum es getan werden muss.

5. Überlassen Sie die Arbeit den Leuten, die Sie dafür ausgewählt haben.

6. Bilden Sie die Mitarbeiter fort.

7. Hören Sie den Mitarbeitern zu.

8. Beseitigen Sie Frustrationen und Hindernisse, die die Mitarbeiter einengen.

9. Überprüfen Sie Fortschritte.

10. Bedanken Sie sich öffentlich und im Privaten.

◆ 3 ◆

Unternehmen handeln so wie ihr Chef

Mitarbeiter beachten die Hinweise ihrer Vorgesetzten. Der Chef bestimmt den Umgangston und die Grundregeln. Der Chef ist das Vorbild für die Mitarbeiter. Mit der Zeit beginnen Abteilungen, Büros, Läden, Werkstätten, Fabriken und ganze Unternehmen so zu handeln wie ihr Chef.

Kommt der Chef immer zu spät, wird Pünktlichkeit zu einer zweitrangigen Verpflichtung. Ist der Chef ständig in Konferenzen, dann werden bald alle Mitarbeiter in Konferenzen sein. Ruft der Chef Kunden an, dann werden Kunden wichtig. Sagt der Chef Verabredungen mit Kunden ab, dann werden auch die Verkäufer weniger Kundenbesuche machen. Ist der Chef höflich, dann werden unhöfliche Mitarbeiter nicht lange bleiben. Akzeptiert der Chef Mittelmäßigkeit, dann bekommt auch er nur Mittelmaß. Ist der Chef innovativ und erfindungsreich, dann wird auch das Unternehmen nach Chancen suchen. Erledigt der Chef die Arbeit seiner Mitarbeiter, dann werden diese das gern zulassen. Wenn der Chef innerhalb seines Unternehmens einen Wettbewerb ausschreibt, dann wird jeder gewinnen wollen. Erhebt der Chef eine Anschuldigung, dann werden alle guten und fähigen Mitarbeiter hinter ihm stehen.

Tolle Chefs kennen dieses Phänomen. Sie stellen ihr Unternehmen auf Erfolg ein, und zwar nicht mit Vorschriften, sondern durch ihr Verhalten und ihre Präsenz. Möchte der großartige Chef, dass Geschäftsreisen an Sonntagen begonnen werden oder dass vor Präsentationen geübt wird, dann reist auch er am Sonntag an und übt vor Präsentationen. Wenn der Chef nicht möchte, dass seine Mitarbeiter wegen eines kleinen Schneesturms zu spät ins Büro kommen, dann ist er an einem solchen Tag als Erster im Betrieb und macht schon einmal Kaffee ... und serviert ihn den Nachzüglern persönlich.

Manche Chefs führen sehr bewusst, andere eher intuitiv. Doch gleichgültig, ob beabsichtigt oder nicht, der tolle Chef formt sein Unternehmen. Weil das Unternehmen so handelt wie der Chef, sollte dieser richtig gut sein – denn sonst wird auch das Unternehmen nie wirklich gut sein.

◆ 4 ◆

Der wirkliche Chef ist der Kunde

Es ist das Geld der Kunden, mit dem Gehälter, Prämien, Krankenversicherung, Steuern und alles andere bezahlt werden. Weil der Kunde die Angestellten bezahlt, arbeiten die Angestellten – alle Angestellten und auch der Chef – für den Kunden. Deshalb muss jede Position im Unternehmen so ausgestaltet werden, dass neue Kunden gewonnen und alte gehalten werden. Und das ohne Ausnahme! Gibt es in der Firma eine Position, die nicht direkt oder indirekt dazu beiträgt, Kunden zu gewinnen oder zu halten, so ist diese Position überflüssig und sollte abgeschafft oder ausgegliedert werden.

Der Chef erinnert seine Mitarbeiter ständig daran, dass sie für den Kunden arbeiten. In der Verantwortung eines tollen Chefs liegt es, seine Mitarbeiter zu lehren, wie man Kunden gewinnt und behält. Der Chef arbeitet ständig daran, die Barrieren zwischen dem Unternehmen und den Kunden abzubauen. Der großartige Chef ist immer bemüht, die Mitarbeiter von unternehmensinternen Vorschriften zu befreien, die der Kundengewinnung und dem Service am Kunden nicht förderlich sind. Der großartige Chef reduziert den Umfang der Berichterstattung der Verkäufer, sodass diese mehr verkaufen können. Der großartige Chef beseitigt Engpässe in der Produktion, sodass die Mitarbeiter qualitativ hochwertige Produkte herstellen können.

Die Tatsache, dass jeder Mitarbeiter für den Kunden arbeitet, ist eine ganz einfache Sache, doch für manche Menschen erstaunlich schwer zu verstehen. Es gibt Arbeiter, die glauben, sie arbeiteten für die Gewerkschaft. Falsch! Sie gehören einer Gewerkschaft an, aber sie arbeiten für den Kunden, der ihre Firma bezahlt. Einige Angestellte im öffentlichen Dienst glauben, sie arbeiteten für die Kraftfahrzeugzulassungsstelle, die Polizei, die Regierung oder den Lehrerverband. Falsch! Diese Leute arbeiten für die Bürger, aus deren Steueraufkommen ihr Gehalt bezahlt wird. Die Bürger, die Fahrgäste der U-Bahn, die Studenten und die Eltern der Studenten sind die zahlenden Kunden.

Einige Leute glauben, sie arbeiteten für die Marketingabteilung, für die XYZ-GmbH, für den charismatischen Chef, für sich selbst, für eine Wohltätigkeitsorganisation, für die Kirche. Doch wenn es keine Kunden gibt, gibt es auch kein Geld. Kein Geld, keine Aufgabe. Kein Geld, kein Ministerium. Kein Geld, kein Militär. Kein Geld, keine Manager (und keine Chefs).

Der Kunde ist der wirkliche Chef. Und der unzufriedene Kunde feuert seine Angestellten tagtäglich.

◆ 5 ◆

Erziehen oder feuern

Eines der größten Probleme im Geschäftsleben ist, dass äußere Bedingungen sich ändern, nicht aber die Unternehmen. Wenn sich Unternehmen den veränderten wirtschaftlichen Bedingungen nicht richtig anpassen, dann verblassen sie neben der Konkurrenz, sie werden übernommen oder müssen den Laden gar dicht machen. Das gilt auch für die Mitarbeiter. Wenn Mitarbeiter sich nicht ändern und anpassen, schwindet ihr Wert für das Unternehmen. Sinkt der Wert eines Mitarbeiters unter das Niveau der Kosten, die er dem Unternehmen verursacht (dazu gehören

Gehalt, Prämien, Sozialversicherung), dann wird er nicht mehr weiterbeschäftigt.

Großartige Unternehmen und großartige Chefs bilden ihre Beschäftigten ständig fort, unterrichten, verbessern und erziehen sie. Sie müssen die Leute dazu erziehen, mehr zu tun, die Aufgaben besser zu erledigen, Sie zu unterstützen, Ihnen zum Erfolg zu verhelfen. Können Sie sie nicht erziehen, dann müssen Sie ihnen kündigen. Wenn ein Mitarbeiter nicht in der Lage oder willens ist, mit all den Investitionen, die für ihn getätigt wurden, eine positive Rendite zu erzielen, dann muss er gehen.

Der großartige Chef hat in Bezug auf seine Angestellten drei Wahlmöglichkeiten: erziehen, feuern oder nichts tun und zusehen, wie Mittelmaß zur Regel wird und das Unternehmen schwächt. Wenn Leute, die Ihnen unterstellt sind, dem Unternehmen keine Stütze sind, dann sind sie auch Ihnen keine Stütze. Tatsächlich schaden Ihnen solche Mitarbeiter.

Es gibt eine Reihe von Gründen, gerechtfertigt oder auch nicht, die es einem Vorgesetzten unmöglich machen, einen Angestellten zu erziehen. Ist dies der Fall, dann sollte der Angestellte freiwillig ausscheiden oder er wird gefeuert. Wenn Sie fähige Leute einstellen oder „erben"

und wenn Sie diese erziehen, dann werden Sie sie nicht feuern müssen.

Erziehen Sie, feuern Sie und sehen Sie, wie Ihr Unternehmen wächst.

◆ 6 ◆

Der neue Besen muss nicht unbedingt gut kehren

Oft werden leistungsfähige Vorgesetzte zur Lösung eines Problems im Unternehmen eingestellt oder befördert. Sie werden ermutigt, „etwas zu bewegen", „den Bereich aufzuräumen", „die Leute auf Trab zu bringen" (oder wie die Klischees sonst noch lauten mögen). Manchmal erhält der neue Chef eine „Abschussliste" von Mitarbeitern, von denen man glaubt, sie erbrächten schwache Leistungen oder sie seien Nörgler. Ein neuer Chef gewinnt dann den Eindruck, dass die Mitarbeiter, die er „erbt", das Problem seien.

Doch kann es gut sein, dass diese Leute nicht das Problem darstellen. In den meisten, wenn nicht gar in allen Fällen, sind Mitarbeiter engagiert, schlau und sie arbeiten hart. Meist liegt das Problem woanders: Der frühere Chef wirkte möglicherweise demotivierend; der Wettbewerb kann härter geworden sein; die Märkte mögen sich verändert haben; die Produktlinie könnte in die Jahre gekommen sein.

Tatsächlich wird der aufmerksame Chef bald bemerken, dass die Mitarbeiter voll neuer Ideen, Fakten, Antworten und Anregungen sind. Ein solcher Chef hört zu und beobachtet, bevor er irgendwelche Personalentscheidungen trifft. Ein toller Chef beurteilt niemanden im Eilverfahren. Es mag vielleicht einen oder wenige Mitarbeiter geben, die nicht der neuen Arbeitsweise entsprechen, doch Personalentscheidungen trifft immer der neue Boss und niemand sonst.

Ein solcher Chef wurde einmal in eine Position versetzt, von der man annahm, dass es dort Personalprobleme gäbe. Er sollte den Kundenservice als Chef übernehmen. Ihm wurde gesagt, der Kundenservice habe einen schlechten Ruf, die Mitarbeiter hätten eine schlechte Arbeitsmoral und würden einen Fehler nach dem anderen machen. Zudem sollte er einen der Bürovorsteher feuern. Er besorgte sich die Personalakten aller Mitarbeiter der Abteilung. Die Akten enthielten Beurteilungen, die viele Jahre der Firmenzugehörigkeit beschrieben. Der neue Chef war sehr erstaunt darüber, dass alle Berichte nach dem gleichen Muster verfasst worden waren. Zwei oder drei lobenden Sätzen folgten ganze Absätze voll offener, harscher Kritik, das meiste davon, so erschien es ihm, handelte eher von Lappalien. Jeder Bericht war vom früheren Abteilungsleiter des Kundendienstes abgezeichnet. Alle Berichte waren aber auch vom jeweiligen Mitarbeiter gegengezeichnet. Auf allen Berichten befanden sich die Kürzel des stellvertretenden Direktors und eines Mitarbeiters der Personalabteilung.

Der neue Chef warf alle Berichte in den Aktenvernichter und behielt lediglich die Einstellungsunterlagen, die Sozialversicherungsnummer und Informationen zur persönlichen Situation. Am nächsten Tag hielt er eine Mitarbeiterversammlung ab. Dabei gab er bekannt, er habe die Personalakten gesäubert. „Für mich", verkündete der neue Chef, „sind Sie alle völlig neue Mitarbeiter mit gründlicher und professioneller Erfahrung im Kundendienst. Zeigen Sie dem Unternehmen, was Sie können." Die Mitarbeiter applaudierten. Der Personalchef drehte durch.

„Sie haben Firmeneigentum zerstört. Darüber werde ich Meldung machen", warnte er. „Lieber zerstöre ich destruktive Dokumente als gute Mitarbeiter", erwiderte der neue Chef.

Innerhalb weniger Monate wurde der Kundenservice die Vorzeigeabteilung der Firma. Der Bürovorsteher, den der neue Chef feuern sollte, entwickelte sich zum Superstar. Die Kunden und die Verkaufsabteilung lobten die Abteilung über alles.

Der neue Chef wurde noch mehrmals befördert und jedes Mal schaffte er eine Wendung zum Guten. Der neue Boss hatte zwar einen Besen, aber er holte ihn nur selten aus der Besenkammer.

◆ 7 ◆

Mittelmaß ist Böswilligkeit

Mittelmaß ist eine heimtückische Krankheit, die Vitalität, Innovation und Energie eines jeden Unternehmens vernichtet. Hat Mittelmaß ein Unternehmen infiziert, ist der Heilungsprozess äußerst schwierig. Mittelmaß wird zur Regel. Es wird akzeptiert. Ist Mittelmäßigkeit einmal erlaubt, akzeptiert, belohnt, bleibt sie unbestraft und selbst die besten Mitarbeiter werden davon infiziert. Lässt der Chef Mittelmaß zu, ist es auch erlaubt. Wird Mittelmaß tatsächlich oder auch nur vermutlich belohnt, dann wird die Leistung der guten Mitarbeiter ebenfalls auf Mittelmaß sinken. Wurde Mittelmaß erst einmal zum Leis-

tungsstandard der besten Mitarbeiter und ist es allgegenwärtig, dann wird es fast unmöglich, dieses Mittelmaß aus dem Unternehmen zu verbannen.

Die Kur erfordert normalerweise eine grundsätzliche Umstrukturierung im Management. Um eine derartige Radikalkur zu vermeiden, lassen Sie das Mittelmaß erst gar nicht Einzug in Ihr Unternehmen halten. Mittelmaß beginnt, wenn schwache Manager noch schwächere Mitarbeiter einstellen. Der gute Chef ist stets auf der Hut, um zu verhindern, dass schwache Personalchefs sich selbst vervielfältigen. Der gute Chef ist stets wachsam darauf bedacht, mittelmäßige Mitarbeiter aus dem Unternehmen zu entfernen.

Der tolle Chef weiß, dass mittelmäßige Mitarbeiter auch nur mittelmäßige Leistungen erbringen. Durchschnittliche Leistungen strafen jedoch alle, die in einem Boot sitzen, den Chef eingeschlossen.

Mittelmaß ist böswillig. Die Duldung von Mittelmaß ist ein Fehler des Managements.

◆ 8 ◆

Langsam einstellen, aber schnell feuern

Teil 1

Der finanzielle Schaden, der durch die Einstellung eines unfähigen Mitarbeiters verursacht wird, ist enorm. Die Kosten einer personellen Fehlentscheidung in einem Unternehmen mit nur wenigen Mitarbeitern verursachen gravierende persönliche und finanzielle Belastungen. Die Kosten einer Fehleinstellung steigen mit der Verantwortung, die der neu eingestellte Mitarbeiter übernehmen sollte. Je höher in der Unternehmenshierarchie die zu besetzende Position angesiedelt ist, umso höher sind auch die finanziellen Folgen einer Fehlbesetzung. Eine Fehlbesetzung kann ein ganzes Unternehmen ruinieren.

Zu den Kosten einer Fehlbesetzung zählen das gezahlte Gehalt, mögliche Abfindungen laut Auflösungsvertrag, die Zeit, die das Management für eine Neueinstellung aufwenden muss, und das Honorar für die Personalsuche bzw. -vermittlung. Die darüber hinaus entstehenden (finanziellen) Auswirkungen einer Fehlbesetzung sind schwieriger zu erkennen und auch schwieriger zu quantifizieren, doch sie sind sehr real: die Kosten, die anfallen, um einen neuen Bewerber einzustellen, die Kosten, die durch Störungen des Betriebsablaufs verursacht werden, Managementfehler, nicht wahrgenommene Chancen, strategische Fehler, vergeudete Zeit der Ausbilder und eine geschädigte Moral.

Um die Kosten einer Fehlbesetzung zu reduzieren, sollten Sie Einstellungen ohne Zeitdruck und sorgfältig vornehmen. Je wichtiger die Position, umso mehr Zeit sollten Sie sich nehmen. Je teurer der Kandidat, umso bedachtsamer die Besetzung. Erliegen Sie nicht der Versuchung, einen wichtigen unbesetzten Arbeitsplatz möglichst schnell zu besetzen. Stellen Sie niemanden ein, nur um eine Frist nicht verstreichen zu lassen. Bei einer Fehlbesetzung wird die Frist nur noch schwieriger einzuhalten sein. Gehen Sie bei einer Einstellung kein Risiko ein, außer das Risiko ist beherrschbar, wenn der neue Mitarbeiter sich als „Fehleinkauf" erweist. Wenn es um die Einstellung eines neuen Mitarbeiters geht, dürfen Sie sich nicht auf Ihr Glück verlassen.

Führen Sie möglichst viele Vorstellungsgespräche. Überprüfen Sie den Hintergrund der Bewerber sorgfältig. Führen Sie Eignungstests durch. Lassen Sie die Vorstellungsgespräche von vertrauenswürdigen und erfahrenen externen Beratern führen. Sprechen Sie mit Leuten, die für den Bewerber schon gearbeitet haben (oder noch arbeiten). Beobachten Sie den Bewerber während eines gemeinsamen Abendessens oder in Gesellschaft. Achten Sie genau auf frühere „Verfehlungen" des Kandidaten. Vielleicht hat der frühere Arbeitgeber ihn angezeigt. Achten Sie genau auf frühere „Erfolge", vielleicht will sein früherer Arbeitgeber ihn „wegloben". Wenden Sie das Vier-Augen-Prinzip an, bei dem immer ein Veto eingelegt werden kann.

Tun Sie alles, was Ihnen möglich ist. Doch ignorieren Sie Ihren Instinkt nicht. Wenn irgendetwas Sie am Bewerber stört, dann stimmt wahrscheinlich etwas nicht. Lassen Sie sich nicht von einem hervorragenden Zeugnis und ausgezeichneten

Empfehlungen blenden. Entweder Sie führen das Einstellungsverfahren fort oder Sie lassen den Bewerber fallen. Nie sollten Sie jedoch an Ihrem Urteil Zweifel hegen. Vertrauen Sie auf sich selbst. Vertrauen Sie dem Rat Ihrer bewährten und vertrauenswürdigen Berater. Erst dann sollten Sie eine Entscheidung fällen.

Es ist eine Tatsache, dass Sie erst wissen, ob Sie den richtigen Bewerber eingestellt haben – ganz gleich, wie sorgfältig Sie bei der Einstellung vorgegangen sind, wie bestechend die Empfehlungen waren oder wie hervorragend die Zeugnisse –, wenn er schon eine Zeit lang in seiner neuen Position gearbeitet hat. Der Superstar der Firma A kann in der Firma B fehl am Platz sein. Der Superstudent kann zwar in der Theorie hervorragend sein, aber in der Praxis ein Versager.

Haben Sie bei der Einstellung einen Fehler gemacht, sollten Sie ihn schnellstmöglich korrigieren. Die Kosten einer Fehlbesetzung sinken mit der Zeit nur sehr selten.

◆ 9 ◆

Langsam einstellen, aber schnell feuern
Teil 2

Es gibt viele Gründe, einem Mitarbeiter zu kündigen. Es könnte sein, dass er von Anfang an eine Fehlbesetzung und für die Position nicht geeignet war. Es könnte sein, dass er ständig schwache Leistungen erbringt. Es könnte sein, dass er ein schlechtes oder destruktives Benehmen an den Tag legt, dass er nicht mehr über die erforderlichen Fertigkeiten verfügt oder nicht imstande ist, Neues hinzuzulernen, um sich den wandelnden Erfordernissen anzupassen. Der Mitarbeiter könnte auch überflüssig geworden sein. Es könnte sein, dass man ihn sich einfach nicht mehr leisten kann, er ist sehr ausgabenfreudig, wegen schlechter Auftragslage entbehrlich oder kommt mit seinen Kollegen und Kolleginnen nicht zurecht. Ob richtig oder falsch, der Chef möchte ihm vielleicht kündigen, weil er ihn nicht leiden kann, weil er ihn fürchtet oder weil er eifersüchtig ist.

Ganz gleich aus welchem Grund: Wenn es klar ist, dass das Arbeitsverhältnis beendet werden muss, dann muss der Chef schnell handeln. Er muss alle gesetzlichen Bestimmungen einhalten, er muss dem innerbetrieblichen Prozedere folgen, verantwortlich handeln und diese schwierige Aufgabe bewältigen.

Warten Sie nicht! Zögern Sie nicht. Verfolgen Sie keine Vogel-Strauß-Politik. Tun Sie es!

Jemandem zu kündigen ist für jeden guten Chef eine schwierige Aufgabe. Die Entscheidung zu treffen, jemandem zu kündigen, ist wesentlich einfacher. Die Zeit zwischen der Entscheidung, jemandem zu kündigen, und dem tatsächlichen Ausscheiden aus dem Betrieb ist für den fairen und überlegten Chef oft eine Zeit der Frustrationen und der Angst. Um diese Zeit der Belastung

zu verkürzen, muss er sehr schnell auf eine Beendigung des Arbeitsverhältnisses drängen.

Ein weiterer Grund dafür, dass ein Chef seinen Mitarbeiter schnell verabschiedet, ist, dass alle den leistungsschwachen, unzufriedenen und überflüssig gewordenen Arbeitnehmer kennen. Jeder, der mit ihm zusammengearbeitet hat, weiß, was los ist. Je länger ein Chef sein Handeln aufschiebt, umso mehr hinterfragen die anderen Beschäftigten seine Kompetenz.

Der souveräne Chef feuert schnell, weil es für den nun überflüssigen Mitarbeiter, die anderen Beschäftigten, die Kunden, das Unternehmen und ihn selbst am besten ist. Oft ahnt der betreffende Mitarbeiter selbst, was kommen wird, und die Kündigung mindert die Spannung innerhalb des Unternehmens bei allen, die davon in irgendeiner Weise berührt sind.

Wenn schnell gekündigt wird, bleibt das Unternehmen vorn.

◆ 10 ◆

Man muss nicht unbedingt den harten Mann spielen

Ein toller Chef hasst es, einem Mitarbeiter kündigen zu müssen. Eine Entlassung ist emotional schwierig, kann sehr teuer werden und ist kein Vergnügen. Der große Chef hasst es besonders, wenn er jemanden verabschieden muss, den er mag, doch manchmal muss es eben sein. Vor allem muss es würdig ablaufen.

Für einen Verkaufsdirektor – gleichzeitig Vizepräsident des Unternehmens –, geliebt, gelobt, verherrlicht und loyal, kam die Zeit zu gehen.

Vor zwei Jahren stimmte er einem Wunsch seines neuen Chefs, des Generaldirektors, zu, noch ein weiteres Jahr zu bleiben, anstatt sich in den Ruhestand zu verabschieden. Der neue Generaldirektor brauchte ihn, um das Unternehmen und die Verkaufsabteilung neu zu strukturieren. Dann wurde er gebeten, noch ein weiteres Jahr zu bleiben. Der Vizepräsident liebte seinen Beruf, das Ansehen, das damit einherging, und er liebte es, mitten im Geschehen zu sein. Noch länger zu bleiben, war kein Gefallen mehr, sondern etwas, wofür er lebte. Den Ruhestand verbannte er aus seinen Gedanken und eigentlich hatte er vor, für immer zu arbeiten. Das sagte er auch im Kreis seiner Kollegen. Doch nun konnte er nicht mehr Schritt halten. Sein Tempo hatte nachgelassen. Trotz seiner riesigen Verdienste um das Unternehmen und trotz seiner aufopfernden Arbeit war es an der Zeit, seinen Job aufzugeben.

Der Generaldirektor zermarterte sich den Kopf, wie er dies seinem Stellvertreter beibringen sollte. Er fürchtete die Unterredung, in der er ihm sagen musste, dass es Zeit war Abschied zu nehmen. Der Generaldirektor plante die Unterredung wie ein Verkaufsgespräch. Das Ziel war, dass der Vize ihm seinen Abschied „abkaufen" sollte. Weil er ihn gut kannte, wusste der Generaldirektor, was sein Stellvertreter brauchte und was ihm gebührte – Anerkennung, Respekt, Wertschätzung, Dank, Applaus und Andenken. Er wusste um den professionellen Stolz seines Stellvertreters; er wusste auch, dass er ein begeisterter Sportsfreund war und ein glühender Fan der New York Yankees. Der Generaldirektor bat seinen Vize an einem späten Nachmittag zu einem Gespräch.

Der Generaldirektor kam unumwunden auf den Punkt: „Hank, Mickey Mantles Karrieredurchschnitt als Batsman war 0,299. Hätte Mantle die letzte Saison nicht mehr gespielt, hätte er seine Karriere in seinen besten Jahren beendet, dann hätte sein Karrieredurchschnitt über der magischen 0,300-Grenze gelegen."

„Und, Hank", fuhr der Generaldirektor fort, „du weißt, Muhammad Ali leidet heute unter Parkinson. Es gibt viele, die glauben, dass Ali heute noch gesund wäre, hätte er seine letzten Kämpfe nicht mehr ausgetragen. Was wäre gewesen, wenn er als Champion zurückgetreten wäre, als er noch ganz oben war?"

Und weiter: „Du erinnerst dich sicher auch noch an die alten Filme über Babe Ruth am Ende seiner Karriere, als er hinfiel, wenn er seinen Schläger schwang?"

Hank sah seinen Chef einige Augenblicke lang einfach an. Dann sagte er: „Wahrscheinlich wurde noch niemand auf liebenswürdigere Weise gefeuert. Ich werde noch heute meinen Rücktritt bekannt geben."

„Danke, Hank. Du bist der Babe Ruth dieser Branche. Man sollte dich in die *Hall of Fame* aufnehmen."

Beim Dinner zu Ehren des ausscheidenden Vizepräsidenten gab es lobende Ansprachen, dankende Trinksprüche und viele gute Wünsche.

Hank akzeptierte die Standing Ovations seiner Kollegen, er tippte an eine imaginäre Kappe in Richtung seines Chefs, so, wie Babe Ruth den Yankees gezeigt hatte, die Fans zu grüßen.

Behandeln Sie Ihre Mitarbeiter so, wie Sie selbst behandelt werden wollen. Menschen akzeptieren die Realität. Behandeln Sie Mitarbeiter würdevoll, und selbst die schwierigsten Situationen lassen sich leichter bewältigen.

◆ 11 ◆

Das Prinzip „Einer über dem anderen" mit Vetorecht

Das Prinzip „Einer über dem anderen" mit Vetorecht ist eine Regel, die bei Einstellungen angewendet wird. „Einer über dem anderen" beschreibt die Kette der Befehlsgewalt und bei einer Gesprächssituation, wer wem berichtet. Eine Person ist in der Unternehmenshierarchie höher angesiedelt als sein direkter Untergebener. Im Organigramm des Unternehmens steht der Vorgesetzte über demjenigen, der ihm direkt zu berichten hat.

„Veto" bedeutet, dass der Vorgesetzte bei der Einstellungsentscheidung seines Untergebenen ein Vetorecht hat. „Einer über dem anderen" mit Vetorecht bedeutet, dass ein Manager niemanden einstellen kann, ohne dass sein Vorgesetzter dem zustimmt.

Diese Regel ist eine Absicherung, um das Unternehmen vor einer Fehlbesetzung zu bewahren. Fehlbesetzungen sind teuer und schmerzhaft und müssen unter allen Umständen vermieden werden. Zusätzlich zu den Kosten und den Störungen, die durch eine Fehlbesetzung verursacht werden, versäumt das Unternehmen auch die Gelegenheit, Talente zu gewinnen. Ein solches Vorgehen bei Einstellungen ist hervorragend geeignet, gute Mitarbeiter zu gewinnen und Eigenbrötler fern zu halten.

Folglich behält sich der Chef ein Vetorecht vor, wenn der Abteilungsleiter einen neuen Mitarbeiter ausgewählt hat. Der Chef kann zwar nicht jedem sagen, wen er einstellen soll, doch die unbedingte Anwendung des Vetorechts spornt den einstellenden Manager an, die besten Bewerber auszuwählen.

Es gibt eine ganze Reihe von Faktoren, die zuweilen das Urteilsvermögen des einstellenden Managers trüben können. Es könnte beispielsweise erforderlich sein, möglichst schnell einen neuen Mitarbeiter zu finden. Der Manager könnte gezwungen sein, eine Schlüsselposition schnell zu besetzen, um ein Projekt termingerecht abschließen zu können. Hat der Manager vielleicht schon neun, zehn oder elf Monate lang gesucht, kann er leicht die Geduld verlieren und sich mit einem nur akzeptablen Bewerber zufrieden geben. Er könnte unbewusst (oder auch bewusst) jemanden einstellen, der ihm gleicht – jemanden, der seiner Persönlichkeit sehr ähnlich ist, der für den Job jedoch nicht geeignet ist. Der Manager könnte es leid sein, so hart arbeiten und zu viele Aufgaben gleichzeitig bewältigen zu müssen, sodass er alle Vorsichtsmaßnahmen fallen lässt und einfach dem Zeugnis des Bewerbers Glauben schenkt. Derjenige, der das Vetorecht hat, kann die Personalauswahl objektiv beurteilen. Das Prinzip „Einer über dem anderen" mit Vetorecht stärkt letztlich die Talentreserven eines Unternehmens. Es erhöht drastisch die Wahrscheinlichkeit, den „Macher" zu bekommen und den „Bremser" zu vermeiden.

Der tolle Chef benutzt sein Vetorecht mit Bedacht. Er will den einstellenden Manager nicht desavouieren. Die Anwendung des Vetorechts gleicht eher einer Kunst als einer Wissenschaft. Hat der Chef eine Ahnung, dass der Bewerber

schwach ist oder einen entscheidenden Fehler hat, so wird er von seinem Vetorecht Gebrauch machen. Hat der Chef das Gefühl, dass die Einstellung eines Bewerbers problematisch, jedoch nicht unbedingt abzulehnen ist und der einstellende Manager dafür stimmt, so wird es kein Veto geben.

Stellt der Vorstandsvorsitzende einen Bewerber ein, geht das Vetorecht an den Aufsichtsrat über. Auch in kleinen Betrieben, in Familienunternehmen und Einmannfirmen sollte das Vetorecht in irgendeiner Form gewahrt bleiben. Das Vetorecht könnte auch einem Beratergremium, einem externen Experten, der Ehefrau oder einem Kunden übertragen werden.

Gute Mitarbeiter in ein Unternehmen zu bekommen und mittelmäßige fern zu halten, ist entscheidend für den Unternehmenserfolg. Das Prinzip „Einer über dem anderen" mit Vetorecht ist dem guten Chef eine Hilfe, die richtigen Bewerber einzustellen.

12

A + A = A. Stellen Sie nur erstklassige Bewerber ein

A steht für Ability (Können). A steht für Attitude (Verhalten). Das richtige Können und das richtige Verhalten machen einen Mitarbeiter der A-Klasse aus. Aus der A-Klasse kommen die Sieger. Sie sind schlau, wissen viel und erledigen ihre Aufgaben. Sie sind motiviert und arbeiten hart. A-Klasse-Spieler haben einen Riecher dafür, wo es etwas zu gewinnen gibt, und sie gehen zielstrebig auf den Sieg zu. A-Klasse-Spieler gibt es auf jeder Ebene. Auch die Autowaschanlage mit A-Klasse-Mitarbeitern ist besser als diejenige mit C-Klasse-Spielern. Das Baseballteam mit A-Klasse-Spielern gewinnt gegen Teams mit B- und C-Klasse-Spielern. Auch das Krankenhaus mit A-Klasse-Krankenschwestern unterscheidet sich deutlich von einem mit C-Klasse-Schwestern.

Stellen Sie nur erstklassige Bewerber ein oder solche, die das Potenzial zum A-Klasse-Spieler haben. Stellen Sie niemals einen C- oder D-Klasse-Bewerber ein. C-Klasse-Bewerber sind Mittelmaß. C-Klasse-Mitarbeiter infizieren den gesamten Betrieb mit Mittelmäßigkeit. Mittelmaß ist wie ein schädliches Fieber, das kein Unternehmen zulassen darf. Für einige Positionen, die mit geringem Risiko verbunden sind, können Sie es mit einem B-Klasse-Bewerber versuchen, aber nur dann, wenn Sie deutliche Hinweise darauf haben, dass der Bewerber sich von B auf B+ steigern kann. Einen Mitarbeiter mit einer Bewertung von A- können Sie zu einem A-Mitarbeiter erziehen. Aus einem B+ kann ein A werden, doch niemals werden Sie aus einem C-Spieler einen B- oder A-Spieler machen können. Niemals.

Erstklassige Mitarbeiter sind normalerweise teurer, aber sie leisten auch entsprechend mehr. A-Klasse-Mitarbeiter sind oftmals schwieriger zu führen, weil sie sehr viel Energie haben und ungern darauf warten, dass das Unternehmen mit ihnen Schritt hält. A-Klasse-Mitarbeiter brauchen Herausforderungen, und deshalb muss der gute Chef ihnen entsprechende Aufgaben stellen.

Können plus Verhalten: je mehr von beidem, umso besser. Doch ein A plus ein A, ganz gleich in welcher Ausprägung, ist eine wunderbare Charakteristik für einen Bewerber. Stellen Sie nur A-Mitarbeiter ein. A-Klasse-Mitarbeiter sind die besten Spieler.

«   13   »

Die Regel der D's

Wenn ein guter Verkäufer in seinen Leistungen nachlässt, dann sollten Sie zuerst auf die D's achten. Wenn die Produktivität eines Angestellten immer weiter nachlässt, dann schauen Sie zuerst auf die D's. Wenn der Glanz eines Stars verblasst, dann suchen Sie nach einem D. Wenn ein Mitarbeiter kriminell wird, können Sie darauf wetten, dass ein D im Spiel ist. Es gibt viele Gründe dafür, dass sich die Leistung eines Angestellten langsam oder plötzlich verschlechtert. Es ist die Aufgabe des Managers, das Problem des Mitarbeiters zu identifizieren. Wenn der Chef das Grundübel der Leistungsschwäche seines Mitarbeiters versteht, dann kann er etwas unternehmen, um die Situation wieder ins Lot zu bringen.

Ein effektiver Chef ist wie ein Detektiv. Er versucht das grundlegende Problem zu entdecken. Hat er es gefunden, führt dies zur Diagnose. Diese führt wiederum zur Unterredung mit dem Angestellten. Die Unterredung führt zu zwei Optionen: Der Angestellte kann so weit verbessert werden, dass er wieder zu seiner früheren Leistungsstärke zurückfindet. Oder er wird nach reiflicher Überlegung entlassen.

Um dieses Vorgehen verstehen zu können, sollten Sie die 10 D's kennen. Es sind:

Debt (Schulden)

Divorce (Scheidung)

Disease (Krankheit)

Drugs (Drogen)

Death (Tod)

Depression (Depressionen)

Drinking (Alkoholismus)

Dice (Glücksspiel)

Deviancy (Abweichung)

Dalliance (Trödelei)

Diese D's können ein direktes persönliches Problem eines Mitarbeiters sein oder etwas, was mit

Familienmitgliedern oder einem sehr guten Freund zu tun hat. Einige D's sind schädlich und werden den Mitarbeiter schwächen und ihn letztlich zerstören. In jedem Fall lenken die D's den Mitarbeiter von seinen Aufgaben ab.

Die D's sind gefährlich. Sie schaden dem Mitarbeiter, dem Unternehmen und dem Chef. Kann ein Vorgesetzter seine Aufgaben nicht erfüllen, weil einer seiner Mitarbeiter drogenabhängig ist, kann auch die Karriere des Vorgesetzten ins Wanken geraten.

Diese zehn D's beschreiben Sachverhalte, die außerhalb des Einflussbereichs des Unternehmens liegen. Allerdings gibt es andere D's, die ebenfalls die Leistung eines Mitarbeiters beeinträchtigen und deren Ursachen innerhalb des Unternehmens zu finden sind. Zu diesen gehören demoralisierte Mitarbeiter, Demotivation und schwache Führung (direction). Der weitsichtige Chef, insbesondere, wenn er neu in der Firma ist, beobachtet diese D's und sucht nach den Gründen dafür. Die Diagnose ist für die Problemlösung unverzichtbar und deshalb könnte D auch für Diagnose stehen. Offensichtlich beginnen auch im Englischen nicht alle Personalprobleme mit einem D, doch sehr oft ist es der Fall und eine schnelle Diagnose kann zu schnellen Therapien und somit zur raschen Heilung der Betroffenen führen.

Schnelle Heilung bedeutet schnelle Verbesserung. Die „Regel der D's" ist der erste Weg zu einer schnellen Gesundung und Deeskalation der Situation.

◆ 14 ◆

Es heißt „Restaurateur" und nicht „Restauranteur"

Es ist von Vorteil, positiven Vorbildern nachzueifern. Es ist vorteilhaft, von guten Chefs zu lernen. Es ist gut, strebsam zu sein, zu lernen, sich zu verbessern, zu wachsen. Doch sollten Sie Ihre Grenzen kennen. Ziehen Sie sich nicht Schuhe an, die zu groß für Sie sind. Versuchen Sie nicht, jemand zu sein, der Sie nicht sind. Ein wenig Bescheidenheit ist angebracht. Großartige Chefs ziehen großartige Chefs heran. Dieser künftige Chef lernte Bescheidenheit von einem Meister.

Sie hatten drei Tage lang zusammengearbeitet: Sie hatten Kunden besucht, Großhändler und Werbeagenturen. Sie hielten Präsentationen ab, hörten Kunden zu und erstellten kreative Konzepte. Der Ältere ließ seinen wesentlich jüngeren Gehilfen an allem teilhaben. Der Junior äußerte offen seine Vorstellungen und Meinungen und wurde direkt mit der strategischen Ausrichtung einer Werbekampagne betraut, deren Zielgruppe die französischen Restaurants in den USA waren. Der junge Manager unterbreitete dem Art Director und dem Copywriter der Werbeagentur Daten, Beobachtungen und vernünftige Vorschläge.

Die Werbeagentur war etwa eine Autostunde vom Büro der Manager entfernt. Nachdem sie auf der Rückfahrt etwa 20 Minuten lang die Konferenz noch einmal Revue passieren gelassen hatten, stellte der ältere der beiden, Generaldirektor des Unternehmens und anerkannter Star in der Branche, seinem jungen Schützling eine Frage.

„Steve", fragte der Generaldirektor, „sind Sie ehrgeizig?"

„Ja, das bin ich", war die offenherzige Antwort.

„Darf ich Sie ein wenig kritisieren?"

„Ja, natürlich."

„Also, Steve, es heißt Restaurateur und nicht Restauranteur."

Steve war höchst betreten, gedemütigt. Sofort verstand er die Botschaft seines Mentors. Steve hatte angegeben und versucht, die Leute in der Agentur zu beeindrucken, als er das französische Wort verwendete und nicht einfach Restaurantbesitzer sagte. Steve verstand auch, dass dieses Wort nicht angebracht war, selbst wenn er es richtig ausgesprochen hätte.

Steve hatte noch nicht genügend Schlachten geschlagen, um General spielen zu können. Er hatte noch nicht das Recht, sich wie ein Topstar aufzuführen.

Steves Antwort fiel sehr freimütig aus: „Ich fühle mich wie ein Dummkopf. Ich kann es nicht fassen, dass ich einen solchen Fehler begehen konnte."

Dann stellte der Chef eine weitere Frage: „Darf ich Ihnen noch einen Rat geben?"

„Ja, natürlich", antwortete Steve nunmehr etwas vorsichtiger.

„Gut, dann fangen wir mit Ihren Schuhen an."

Für den Rest der Fahrt und den Rest seines Lebens betreute der Mentor seinen Schützling. Er sagte ihm, wie er sich kleiden, wie er planen, wie er verkaufen solle, wie er mit den Posten anderer Unternehmen umgehen und wie er jede Person mit Würde und Respekt behandeln solle.

Nie wieder versuchte Steve Leute mit seinem Insiderwissen, mit Fachausdrücken oder anderen Tricks zu beeindrucken. Wenn Steve heute Restaurateur sagt, dann klingt es ganz natürlich und immer denkt er dabei an die einstündige Autofahrt mit seinem Mentor zurück.

◆ 15 ◆

Wandeln Sie eine Kündigung in Ermutigung um

Große Chefs lernen aus Fehlern. Auf den Chef in diesem Beispiel trifft das sicherlich zu.

Das Unternehmen, für das er arbeitete, wählte seine Verkäufer sehr sorgfältig aus. Das Unternehmen glaubte, sein Erfolg stehe in unmittelbarem Zusammenhang mit der Qualität der Verkaufsabteilung. Man legte höchsten Wert darauf, entsprechend einem bewährten Profil einzustellen, und man investierte viel Zeit und Geld in gründliches Training. Erfolg beim Training war gleichbedeutend mit Erfolg beim Kunden. Erfolg beim Kunden finanzierte neue Produkte, wehrte die Konkurrenz ab und trieb den Aktienkurs an. Folglich wurde die engagierte Teilnahme der Trainees nicht nur erwartet, sondern war Bestandteil der Unternehmenskultur. Fortbildung war für dieses Unternehmen eine erfolgreiche Strategie und dieses Unternehmen wollte den Erfolg unbedingt (was im Übrigen für jedes Unternehmen und jeden Chef gelten sollte).

Am Mittwochabend, dem vierten Tag des Fortbildungsprogramms, erhielt ein junger Trainee Besuch von einem Studienkollegen. Der Studienfreund hatte einen unwiderstehlichen Vorschlag: „Heute Abend findet eine tolle Party statt. Nur 60 Meilen von hier. Du warst doch auf der Universität, wie hart kann dann deine Fortbildung sein? Deine Hausaufgaben machst du doch im Schlaf. Immer nur Arbeit und kein Vergnügen ... Du hast dir eine Pause verdient. Das Leben ist so kurz. Komm doch mit." Und der Trainee ging mit zur Party und feierte ohne Ende.

Die auffällige Abwesenheit des Trainees beim gemeinsamen Frühstück um 7.30 Uhr wurde gebührend zur Kenntnis genommen. Auch seine Krankmeldung um 9.00 Uhr („eine leichte Grippe, vielleicht ein Rückfall meines Pfeifferschen Drüsenfiebers") akzeptierte man. Als er gegen Mittag im Trainigszentrum erschien, wurde ihm

eine Notiz überreicht, die besagte, er solle unverzüglich zu einer Unterredung mit dem stellvertretenden Verkaufsleiter kommen.

Der Vize war sehr besorgt. „Wie geht es Ihnen? Wollen Sie nicht zum Arzt gehen? Oder sollen wir Sie ins Krankenhaus bringen? Vielleicht sollten Sie einen Bluttest machen. Sind Sie sicher, dass Sie das Training fortsetzen können? Wie wollen Sie das versäumte Training nachholen?"

Am letzten Tag der Fortbildung erhielt der neue Verkäufer eine weitere Notiz, in der er darum gebeten wurde, auf dem Weg in sein Verkaufsgebiet bei seinem Gebietsleiter vorzusprechen.

Der Gebietsleiter kam sofort auf den Punkt. „Eigentlich hatte ich vor, Sie zu feuern. Ihr Verhalten beim Training war inakzeptabel. Niemand in diesem Unternehmen versäumt einen halben Tag eines so teuren Trainings. Wollen Sie wissen, weshalb ich Sie nicht rauswerfe?"

Der dreiste junge Trainee nickte ganz kleinlaut. „Ich kündige Ihnen nicht, weil derjenige, der das Training versäumte, nicht der war, den ich einstellte. Derjenige, den ich einstellte, ist ein großes Talent. Derjenige, den ich einstellte, hat großes Potenzial. Derjenige, den ich einstellte, ist ein Sieger und kein Versager. Sie müssen sich nun entscheiden, wer Sie wirklich sind. Sie können

unvorbereitet zu Kundenbesuchen gehen, Sie können zu spät kommen oder gar nicht hingehen, niemand wird es je erfahren. Sie können aber auch Kundenbesuche machen und Großes schaffen. Und wenn Sie Großes leisten, dann garantiere ich Ihnen, dass jemand darauf aufmerksam wird. Sie haben die Wahl. Entscheiden Sie sich."

Mit jeder Stunde seiner langen und einsamen Fahrt in sein Einsatzgebiet wuchs die Entschlossenheit des Trainees. Er war entschlossen, mehr zu verkaufen, als seine Firma herstellen konnte. In seinem ersten Jahr wurde er zum besten Neuling im Unternehmen gekürt. Im zweiten Jahr war er Verkäufer des Jahres. In seinem 23. Jahr war er Vorstandsvorsitzender.

◆ 16 ◆

Der Sohn der Näherin

Haben Sie Prinzipien. Leben Sie Ihre Prinzipien. Lehren Sie Ihre Prinzipien. Bewahren Sie Ihre Prinzipien. Ihre Mitarbeiter wollen einen Chef mit festen Überzeugungen, auch wenn sie nicht immer damit übereinstimmen. Feste Überzeugungen sind für einen Chef das, was der Kompass für den Seemann ist.

△▽△▽

Dieser Chef pflegte alle neuen Mitarbeiter persönlich kennen zu lernen und ihnen das Unternehmen vorzustellen. Diese Vorstellung betrachtete er als eine seiner wichtigsten Verantwortlichkeiten.

Für zwölf neue Mitarbeiter war es der Orientierungstag. Zufällig waren es ausschließlich intelligente junge Frauen. Wie üblich kam der Chef sehr früh in sein Büro. Wie üblich nahm er, wenn der Fußweg zu seinem Bürogebäude nicht sauber war, einen Besen und fegte den Fußweg und die Treppen. Wie üblich war er sehr modern gekleidet, er trug einen Maßanzug und ein von Hand genähtes Hemd. Er war der Chef des ganzen Unternehmens und sein Unternehmen war Branchenführer. Sein großartiges Unternehmen und sein sozialer Erfolg gründeten auf seinem unerschütterlichen Festhalten an einem Satz, den er in hohen Ehren hielt.

Wie üblich stellte er den neuen Mitarbeitern den Grundsatz des Unternehmensgründers vor, der ihm und jedem Mitarbeiter zum Leitspruch wurde.

„Guten Morgen, meine Damen. Herzlich willkommen. Ich freue mich, dass Sie dieses Unternehmen gewählt haben – nunmehr unser Unternehmen –, um Ihre Karriere zu beginnen oder fortzusetzen. Ich freue mich, dass Sie alle Frauen sind, denn dies ist das Unternehmen einer Frau. Ich bin nicht der wahre Gründer dieses Unternehmens. Der wirkliche Gründer war eine einfache Näherin. Ihr ganzes Leben lang war sie Näherin. Ich wollte ein Unternehmen gründen, doch fehlte mir das Startkapital. Die Näherin bot an, mir etwas Startkapital zu leihen. Ich sagte: ‚Aber du hast doch kein Geld'. Die Näherin nahm eine Hypothek auf ihr kleines Haus auf – das Haus in dem sie mit ihrer Familie wohnte – und gab mir 8 500 Dollar. Das Geld war wichtig, doch der Rat, den sie mir auf den Weg gab, wurde zu dem Grundsatz, nach dem ich lebe, und ich hoffe, Sie werden es auch tun."

„Die Näherin sagte mir: ‚Großer (und nur meine Mutter nannte mich so), arbeite hart mit Stolz, Disziplin, Anstand und Respekt vor deinen Mitarbeitern'. Der wahre Gründer dieses Unternehmens ist meine Mutter. Ich wünsche Ihnen bei uns viel Glück."

Am Abend, nach einem langen Arbeitstag, bereitete er sich auf den nächsten Tag vor. Der Sohn der Näherin packte ein frisch gewaschenes handgenähtes Hemd aus und bügelte die Falten heraus. Bügeln kombiniert Perfektion, Stolz und Demut. Bügeln war ein weiteres Geschenk, das seine Mutter ihm hinterlassen hatte.

Ein toller Chef erinnert sich an seine Herkunft und vergisst nicht, wer ihm auf seinem Weg geholfen hat. Vergessen Sie nie, dass Ihr Erfolg nicht auf Sie allein zurückzuführen ist.

◆ 17 ◆

Der großzügige Chef

Eine Anstellung ist ein Vertrag, ein Versprechen. Der neue Angestellte erklärt sich bereit, eine spezielle Aufgabe zu einem vereinbarten Preis zu übernehmen. Der gute Chef benutzt den Augenblick der Einstellung, um den Vertrag zu zementieren, um sicherzustellen, dass der Mitarbeiter die spezielle Aufgabe versteht und mit seiner Entlohnung einverstanden ist. Der Moment der Unterzeichnung des Arbeitsvertrags ist der Zeitpunkt, zu dem Arbeitgeber und Arbeitnehmer alle Probleme und Bedingungen klarstellen.

Der Arbeitsvertrag gleicht einer Ehe ohne Ring und Kuss: Sprechen Sie jetzt oder schweigen Sie für immer. Und halten Sie den Vertrag in Ehren.

Luke war ein guter Arbeiter, benötigte aber viel Zuwendung. Schon bald nachdem Luke eingestellt wurde, begann er Bemerkungen fallen zu lassen, er sei besser qualifiziert als andere. Er solle auf der Überholspur der Karriereleiter sein, er sei mehr wert als andere. Seine Chefin hätte das schon früher bemerken müssen, aber das war nicht der Fall, zumindest unternahm sie nichts. Ermutigt durch sein Können am Arbeitsplatz, vielleicht auch durch das augenscheinliche Einverständnis seiner Chefin, wurden Lukes Forderungen dreister. Er beschwerte sich, dass Herr Soundso einen Palm-Pilot hatte, er aber nicht. Er beschwerte sich, dass die Urlaubsregelung knauserig sei. Er glaubte, er sei derjenige, den man zu einem Kongress hätte schicken sollen. Lukes Chefin verkroch sich jedes Mal, wenn Luke in ihr Büro kam.

Das Unternehmen hatte erst kürzlich einen jungen Überflieger eingestellt, der ähnliche Aufgaben wie Luke hatte. Irgendwie fand Luke heraus, dass der neue Mitarbeiter mehr Geld verdiente als er selbst. Sofort verlangte Luke eine Unterredung mit seiner Chefin. Sie ahnte, was vorgefallen war, und bereitete sich auf die Unterredung vor. Falls Luke sich beschweren wollte, wer wie viel verdiente, dann war dies nicht hinzunehmen. Sie wusste, dass Luke die Bibel studierte und die Heilige Schrift aus dem Gedächtnis zitieren konnte. Sie ahnte, dass es Lukes egoistische Sichtweise von richtig und falsch war, die seine Überzeugung unterstrich, dass er unfair behandelt würde. Sie wollte nicht, dass dieser Streitpunkt Lukes Verbleiben im Betrieb in Frage stellte. Sie entschloss sich, mit Luke so zu verfahren, dass er selbst zur Einsicht gelangen würde.

Luke begann die Unterredung mit seiner üblichen Eröffnung: „Da gibt es etwas, was mich wirklich ärgert. Wir müssen darüber sprechen." Lukes Chefin antwortete: „Ich bin froh, dass Sie zu mir gekommen sind. Ich möchte Ihnen nämlich eine kleine Geschichte erzählen. Haben Sie ein paar Minuten Zeit?" Luke war überrascht, aber einverstanden.

„Luke, in der Heiligen Schrift erzählt Matthäus von den Arbeitern im Weinberg. Ein reicher Bauer besaß einen Weinberg, und es war die Zeit der Ernte. Deshalb ging er am frühen Morgen auf den Marktplatz, um Erntehelfer einzustellen. Er vereinbarte mit einigen Arbeitern einen Tagelohn von einem Denar. Sie waren einverstanden und gingen an die Arbeit. Gegen Mittag ging er wieder auf den Marktplatz und stellte weitere Arbeiter ein. Den neuen Arbeitern sagte er: „Geht in den Weinberg, und ich werde euch bezahlen, was richtig ist." Am Ende des Tages, es war ein langer und heißer Tag, sagte der Bauer seinem Vorarbeiter, er solle den Lohn auszahlen. Den Arbeitern der ersten Gruppe zahlte der Vorarbeiter jeweils den vereinbarten Denar. Auch den Arbeitern der zweiten Gruppe, die später eingestellt wurde und nur einen halben Tag gearbeitet hatte, zahlte er jeweils einen Denar.

Da wurden die Arbeiter der ersten Gruppe ärgerlich. Sie murrten und beschwerten sich beim Besitzer: „Die letzte Gruppe hat nur einen halben Tag gearbeitet und trotzdem werden die Arbeiter wie wir behandelt, die wir den ganzen Tag in der glühenden Hitze geschuftet haben." Der Chef antwortete: „Mein Freund, ich tue dir kein Unrecht; warst du nicht damit einverstanden, für einen Denar bei mir zu arbeiten? Nimm, was dir zusteht, und geh. Ich habe mich entschlossen, den anderen zu geben, was ich dir gebe. Darf ich mit dem, was mir gehört, nicht tun, was ich will? Oder missgönnst du den anderen meine Großzügigkeit?"

„Luke", fragte die Chefin, „wie gefällt dir die Geschichte, die Matthäus erzählt?"

Luke antwortete: „Vertrag ist Vertrag, vermute ich." Luke hatte verstanden. (Das Gleichnis aus dem Matthäus-Evangelium ist bekannt unter dem Titel „Die Arbeiter im Weinberg".)

Der gute Chef vermeidet künftige Probleme schon bei der Einstellung. Drücken Sie sich in Sachen Entlohnung, Sozialleistungen, Arbeitsplatzbeschreibung, Arbeitszeit, Unternehmenskultur und Verhalten eindeutig aus. Stellen Sie sicher, dass der neue Mitarbeiter Sie ebenso eindeutig verstanden hat.

Vertrag ist Vertrag.

♦ 18 ♦

Delegieren Sie immer weiter nach unten

Ja, delegieren. Die Grundregel für Chefs, die jederzeit von allen im Mund geführt und von den meisten falsch angewendet wird. Wenn Sie ohne klare Anweisungen delegieren oder keine entsprechende Ausbildung anbieten, dann delegieren Sie nicht, sondern Sie verurteilen – Sie verurteilen den Mitarbeiter dazu, Fehler zu machen und schlechte Leistungen zu erbringen. Wenn Sie ohne ein Schema für Abläufe und Kontrollen delegieren, dann haben Sie nicht delegiert, sondern abgedankt. Wenn Sie delegieren und dann

den Mitarbeiter seiner Autorität berauben, seiner Fähigkeit, Entscheidungen zu treffen, dann haben Sie nicht wirklich delegiert.

Verkaufsleiter delegieren Kundenbesuche an die Verkäufer. Wenn der Verkäufer bei einem Kundenbesuch unsicher wird und der Verkaufsleiter die Angelegenheit übernimmt, dann ist es vorbei mit dem Delegieren. Wenn der kleine Manager kleinlich wird oder der Freund von Kontrollen kontrolliert, dann ist das Delegieren gestorben.

Die Grundregel für richtiges Delegieren ist: Vergib die Aufgabe, den Arbeitsplatz oder das Projekt an denjenigen, der in der Hierarchie am weitesten unten angesiedelt ist (und wahrscheinlich am schlechtesten bezahlt wird) und die Aufgabe ordentlich bewältigen kann. Das ist Delegieren und der Schlüssel zur Effizienz.

Delegieren Sie in der Hierarchie nach unten; je weiter nach unten, umso besser. Nicht nach unten zu delegieren ist Dummheit.

♦ 19 ♦

Vorsicht: Siebener stellen Fünfer ein

Der sicherste Weg zu Mittelmaß, Inkompetenz oder Gleichgültigkeit in einem Unternehmen sind schwache oder nur durchschnittlich qualifizierte Mitarbeiter, die neue Mitarbeiter einstellen. Dazu zählen alle Führungspositionen, die Mitarbeiter auswählen und einstellen dürfen. Ein schwacher oder durchschnittlicher Manager steht auf Platz sieben der zehnstufigen Skala für Kompetenz, Fertigkeiten, Erfahrung, Gesinnung und Verhalten.

Siebener stellen immer nur Fünfer ein, niemals Neuner oder Zehner. Siebener stellen niemanden ein, der besser ist als sie selbst, weil sie instinktiv die Kompetenz des Neuen fürchten, die Kompetenz gar nicht erst erkennen oder weil sie sich in der Gegenwart von Menschen, die Vergleiche geradezu herausfordern, nicht wohl fühlen. Siebener stellen Fünfer ein, weil Fünfer keine Herausforderung darstellen, weil es viele Fünfer gibt und sie normalerweise billiger zu haben sind. Siebener können Fünfer dominieren, und das wissen sie. Siebener stellen Fünfer ein, weil sie sich selbst in ihnen erkennen. Siebener erschaffen sich selbst neu, nur noch ein wenig schwächer. Und – welche Überraschung – Fünfer stellen immer nur Dreier ein.

Neuner und Zehner stellen Zehner ein. Neuner und Zehner verzichten auf Siebener. Zehner sind selbstbewusst, kompetent, kontrolliert. Zehner bauen Teams auf. Zehner arbeiten bei Einstellungen und bei der Ausbildung ebenso hart wie in jeder anderen Funktion. Zehner fürchten sich nicht vor Talenten, sie fürchten nur Mittelmaß.

Zehner sind erstklassig und wollen nur mit den Besten zusammenarbeiten.

Meiden Sie Siebener. Stellen Sie nur Zehner ein.

◆ 20 ◆

Fragen Sie: „Was würden Sie tun, wenn ich tot wäre?"

Lassen Sie sich von Angestellten nicht Entscheidungen delegieren, für die diese selbst die Verantwortung tragen. Der tolle Chef weiß, dass gute und fähige Mitarbeiter, die nahe am Problem sind, normalerweise sehr gut wissen, wie es zu lösen ist. Aus verschiedenen Gründen wird gern nach oben delegiert: Die Leute wollen keinen Fehler machen. Sie legen sich nicht gern fest. Sie wollen perfekte Informationen und warten darauf. Der Chef besteht darauf, alle Entscheidungen zu treffen.

Der clevere Chef weiß, dass er die Abteilung, die Gruppe, das Team oder das Unternehmen nicht nach vorn bringen kann, wenn er selbst alle Entscheidungen trifft. Der clevere Chef weiß, dass er selbst nicht vorankommt, wenn seine direkten Untergebenen nicht selbstständig denken und entscheiden.

Manchmal entscheidet die Situation.

Das Team, das die Computer-Upgrades durchführen sollte, kam ins Büro des Chefs. Sie hatten Berichte, Broschüren, Ausrüstungslisten und ausgearbeitete Vorschläge dabei. Nun begannen sie, ihre gesamte Studie erneut aufzurollen, sie nannten die Verkäufer, die sie kontaktiert hatten, und die Produkte, die sie getestet hatten.

„Ich habe drei Fragen", unterbrach der Chef, „und es sind die gleichen Fragen, die ich schon zu Beginn des Vortrags hatte. Erstens: Wird der neue Computer uns helfen, unseren Kunden bessere Leistungen zu bieten? Zweitens: Wird der neue Computer zu Kosteneinsparungen führen? Und drittens: Können wir es uns leisten, den neuen Computer zu kaufen?"

Das Team begann erneut – an der gleichen Stelle. Sie erläuterten Optionen, Bedingungen, alle Wenn und Aber, doch gaben sie keine spezielle Empfehlung ab.

Plötzlich erhob der Chef sich aus seinem Sessel, legte sich auf den Boden, faltete die Hände über seiner Brust und fragte: „Was wäre, wenn ich tot wäre? Was würden Sie tun?"

Das Team gab dem Chef die Antwort. Er sagte: „Hört sich gut an." Das Team entfernte sich mit den Berichten, Charts und Listen, und begann umzusetzen, was sie letztlich vorgeschlagen hatten.

Der tolle Chef bringt seine Mitarbeiter dazu, selbst zu entscheiden.

◆ 21 ◆

Stellen Sie keinen Hund ein, um dann selbst zu bellen

Wenn Sie einen ausgebildeten Wachhund kaufen und ihn auf einem eingezäunten Grundstück laufen lassen, dann gehen Sie in der Nacht nicht selbst hinaus und verbellen Fremde und Eindringlinge. Sie bellen nicht. Das bellen überlassen Sie dem Wachhund. Das gilt auch für Mitarbeiter. Wenn Sie jemanden für eine bestimmte Aufgabe einstellen, dann bilden Sie den neuen Mitarbeiter ordentlich aus und lassen ihn seine Aufgabe erledigen. Das ist eine ganz einfache Regel und bei vielen Aufgaben lässt sie sich einfach befolgen. Wenn Sie jemanden einstellen, um einen Lastwagen zu fahren, dann soll er das auch tun. Wenn Sie jemanden für die Telefonzentrale einstellen, dann sollte derjenige auch alle Anrufe entgegennehmen.

Mischen Sie sich nicht ein und sagen jemandem, wie er seine Aufgabe erledigen soll. Erteilen Sie einen Auftrag, stellen Sie die Hilfsmittel bereit und bilden Sie den Mitarbeiter aus. Aber übernehmen Sie nicht seinen Job und seien Sie nicht misstrauisch. Engagieren Sie nicht jemanden, um Fotos zu machen, und stellen sich dann selbst hinter die Kamera. Beauftragen Sie nicht eine Werbeagentur und schreiben die Anzeigen dann selbst. Stellen Sie nicht einen Betriebsleiter ein und erstellen den Produktionsplan selbst. Begleiten Sie nicht einen Verkäufer auf einem Kundenbesuch und übernehmen dann selbst das Verkaufsgespräch.

Sie müssen allerdings gute und fähige Mitarbeiter einstellen. Erörtern Sie ausreichend das Was und das Warum. Die Ausführung überlassen Sie anschließend dem Mitarbeiter. Überlassen Sie ihm das Wie. Lassen Sie es den Mitarbeiter versuchen, lassen Sie ihn Fehler machen und es erneut versuchen. Sie sollen dem Mitarbeiter eine Hilfe sein und ihn nicht belästigen, indem Sie ihm ständig über die Schulter sehen. Kontrollieren Sie Ihre Mitarbeiter von Zeit zu Zeit. Prüfen Sie, wie es mit dem Projekt vorangeht, aber überprüfen Sie nicht die Arbeit, wenn Sie nicht darum gebeten werden oder wenn nicht ein vorher abgestimmter Prüfzeitpunkt erreicht wurde.

Delegieren hat etwas mit dem Vertrauen in die Fähigkeiten eines Experten zu tun. Es gibt ein Unternehmen, das nur allmählich zu dieser Einsicht kam. Das Unternehmen bestand aus einer Gruppe von Radiologen. Sie engagierten eine erfahrene PR-Agentur, die das Image des Unternehmens und die Marktpräsenz verbessern sollte. Ganz gleich welche Ideen die Agentur präsentierte, die Ärzte schwankten, widersprachen, hatten Einwände. Sie wollten eine Broschüre, die die Patienten im Warteraum lesen und anschließend behalten sollten. Nachdem sie der Agentur zugehört und verschiedene Konzepte geprüft hatten, verwandelten die Radiologen sich umgehend in Marketing-Genies und wollten der Agentur vorschreiben, wie eine Broschüre zu schreiben und zu produzieren sei.

Darauf schlug der Kundenbetreuer den Ärzten höflich vor: „Wie wäre es denn, wenn Sie die

Broschüre schreiben und ich die nächsten Röntgenaufnahmen auswerte und die nächsten Mammografien durchführe?" Einer der Ärzte verkündete lauthals: „Sie haben doch keine Ahnung von Röntgenaufnahmen!" „Stimmt", antwortete der Werbefachmann trocken und grinste so lange, bis selbst der dämlichste der Ärzte verstanden hatte.

Wau! Wau! Wau!

◆ 22 ◆

Sie bekommen, was Sie kontrollieren, und nicht, was Sie erwarten

Gute Leute haben in kleinen Betrieben viel zu tun. Sie dienen vielen Herren – Kunden, Großhändlern, Einzelhändlern, Lieferanten, Kollegen, Vorgesetzten. Die Dringlichkeit ihrer Arbeit und ihre Prioritäten wechseln ständig. Und jeder drückt sich, bewusst oder nicht, vor einem lästigen und schwierigen Projekt. Sie arbeiten immer an dringenden Sachen und opfern dabei das Wichtige. Manche werden von dringenden Angelegenheiten überwältigt, überlastet und folglich ungenau. Manche zögern. Aus vielen Gründen schweifen Leute vom Weg ab, jagen neuen Hasen hinterher, eignen sich schlechte Gewohnheiten an, vergessen das ursprüngliche Ziel oder tun einfach nicht, was andere von ihnen erwarten.

Zu erwarten, dass irgendetwas getan wird, ist nicht das Ende des Delegierens, es ist erst der Anfang.

Ganz gleich wie groß die Begeisterung des Mitarbeiters anfangs war, gleichgültig wie gut die anfänglichen Vorsätze, oftmals werden Erwartungen nicht erfüllt. Der großartige Chef bekommt, was er kontrolliert, nicht, was er erwartet.

Ihre Kontrolle darf nicht aufdringlich sein, darf die Arbeit nicht unterbrechen und darf auch nicht ungeduldig sein. Fragen Sie einfach: „Arbeiten Sie gerade an diesem oder jenem?" Das hilft dem Mitarbeiter, Ihre Prioritäten verstehen zu können. Es gibt ihm einen kleinen Ansporn, besondere Anliegen und Herausforderungen zu erfüllen.

Kontrolle ist nicht zwangläufig einfach. Man kann nicht nur eine Notiz oder eine E-Mail verschicken und erwarten, dass etwas geschieht. Manchmal muss man selbst ins Labor gehen und ein Experiment beobachten. Man muss in die

Küche gehen und mit dem Koch sprechen. Man muss in die Büros gehen, in die Verkaufsräume, in die Fabriken und mit den Leuten sprechen, die vor Ort die Arbeit machen.

Große Erwartungen zu hegen und große Erwartungen erfüllt zu bekommen sind zwei Paar Schuhe. Wie der Profi zu sagen pflegt: „Vertraue jedem, aber zinke die Karten selbst."

23

Passen Sie auf

Wenn Sie in einer Unterredung mit einem oder mehreren Mitarbeitern sind, sollten Sie sehr aufmerksam sein. Hören Sie genau hin, was die Leute sagen. Stellen Sie Fragen und hören Sie zu. Lassen Sie Ihre Gedanken nicht abschweifen. Lesen Sie nicht, wenn es für die Unterredung irrelevant ist. Unterschreiben Sie während einer Unterredung keine Briefe. Prüfen Sie nicht Ihr Tagesprogramm. Sehen Sie nicht auf die Uhr und putzen Sie sich nicht die Fingernägel. Lösen Sie keine Kreuzworträtsel. Lassen Sie keine Störungen zu, die nicht wirklich wichtig sind. (Natürlich ist der Anruf eines Kunden immer wichtig und sollte immer entgegengenommen werden.)

Wenn Sie mit einem Mitarbeiter telefonieren oder mit mehreren eine Telefonkonferenz abhalten, sollten Sie ebenfalls sehr aufmerksam sein. Sehen Sie in dieser Zeit nicht Ihre E-Mails durch und versenden Sie auch keine. Sprechen Sie nicht mit jemandem, der sich gerade in Ihrem Büro befindet, außer derjenige ist Teilnehmer an der Unterredung. Schlürfen Sie keinen Kaffee und falten oder sortieren Sie keine Papiere.

Mitarbeiter merken, wenn Sie nicht bei der Sache sind. Wenn der Chef nicht aufmerksam ist, dann werden sie ängstlich, ärgerlich oder entmutigt. Sie befürchten, ihr Anliegen oder ihre Vorstellungen seien irrelevant. Sie sorgen sich, dass sie ihre Zeit vergeuden könnten; sie fühlen sich unwichtig und belanglos.

Mitarbeiter könnten annehmen, Sie hätten keine Manieren oder Sie seien arrogant. Sie könnten zu dem Schluss kommen, dass Sie nicht anerkennen, was sie für Ihren Erfolg tun. Sie könnten Ihr unüberlegtes Memo entgegennehmen, Sie einen Fehler machen lassen und Ihnen die wohlverdiente Strafe gönnen.

Passen Sie nicht nur auf; zeigen Sie, dass Sie aufgepasst haben. Fassen Sie die wesentlichen Ansichten Ihres Mitarbeiters zusammen. Stimmen Sie zu, etwas zu tun, und tun Sie es dann auch. Bedanken Sie sich.

24

Hören Sie immer und jedem zu

Hören Sie zu, wenn jemand spricht. Jeder hat irgendwelche Erfahrungen. Vielleicht kann diese Erfahrung für Sie wertvoll werden. Jeder hat Ideen. Weisheit ist nicht nur eine Sache gelehrter Häupter. Den großartigen Chef kostet es nur einen kleinen Moment, jemandem zuzuhören.

Die Rechtsanwälte arbeiteten das Wochenende durch. Sie mussten es – ihr Fall schien hoffnungslos zu sein. Der Klient wurde wegen Mordes festgenommen und die Beweislage war sowohl schlüssig als auch unbestritten. Sie brauchten eine zwingende Verteidigungsstrategie, und sie brauchten sie schnell. Zum Verteidigerteam gehörten der Chef der Kanzlei – ein brillanter Strafverteidiger – sowie zwei junge Anwälte.

Wie schon seit fast 20 Jahren kam die Putzfrau am Samstag um 8.00 Uhr in die Kanzlei. „Guten Morgen, Frau Molodeski", sagte der Chef. „Guten Morgen, Herr F.", antwortete Frau Molodeski in ihrem gebrochenen, stockenden Englisch. Frau Molodeski war immer freundlich und kaum 1,60 Meter groß. „Geht es euch gut, Jungs?", fragte sie. „Sie sehen nicht gut aus."

„Ja", antwortete Herr F., „wir haben einen schwierigen Prozess und unsere Position ist ziemlich schwach. Tatsächlich sieht es so aus, als könnten wir nichts machen. Ich will Ihnen kurz erzählen, worum es geht, und Sie sagen uns, was Sie denken."

„Oh nein, Chef", unterbrach ihn einer der beiden jungen Anwälte, „wir haben noch viel zu tun und wenig Zeit."

„Es ist schon in Ordnung, Scott. Ich habe immer Zeit zu hören, was Frau Molodeski zu sagen hat." Dann schilderte F. die Situation. Als er geendet hatte, fragte Frau Molodeski ganz einfach: „Haben Sie schon an Medikamente gedacht? Verrückte Medikamente machen die Kids verrückt." Das Wort „verrückt" war entscheidend dafür,

dass eine neue Verteidigungsstrategie entworfen wurde.

F. dachte über die Drogen nach. Er kontrollierte noch einmal die Blutuntersuchungen. Er engagierte den besten Pharmakologen des ganzen Landes. Er überzeugte die Geschworenen, dass eine Kombination von Medikamenten und Halluzinogenen die Gewalt über das Bewusstsein des Klienten erlangt hatte, und in einem solchen von Drogen ausgelösten Zustand war der Klient nicht zurechnungsfähig und somit auch nicht verantwortlich für seine Taten.

Nach dem Freispruch entschuldigte Scott sich bei Herrn F., dass er Frau Molodeski so zurückgewiesen hatte. F. sagte zu Scott: „Über manche Fälle spreche ich lieber mit den Molodeskis dieser Welt als mit anderen Anwälten. Die anderen Anwälte schauen immer nur in Gesetzbücher. Frau Molodeski sitzt in einer Jury. Die Geschworenen sind unser Publikum, und nicht andere Anwälte. Missachten Sie niemals Bauarbeiter, Barmixer, die Kellnerin, den Cabbie. Andere Leute haben eine bessere Ausbildung, doch Frau Molodeski hat Weisheit."

F. war Ehrendoktor einer der besten juristischen Fakultäten des Landes. Die Wände seines Büros waren dicht behängt mit den Fotos von Präsidenten, Gouverneuren, Preisboxern und Filmstars. Doch F. fand sich selbst niemals so bedeutend, als dass er nicht jedem Gehör schenken und von ihm lernen würde. F. war ein großer Mann, weil er Respekt hatte vor dem so genannten „Mann von der Straße".

F. war ein großartiger Chef. Er war Mentor für 14 Anwälte, die 14 erfolgreiche Kanzleien gründeten – und alle hören auf ihre Frau Molodeski.

(Nachtrag: Ein Jahr nach dem richtungsweisenden Urteil, das F. erzielt hatte, wurde in den USA ein Landesgesetz erlassen, das die Unzurechnungsfähigkeit nach vorsätzlicher Einnahme von Drogen vor Kapitalverbrechen als Entlastungsgrund ausschloss. Die anderen Bundesstaaten folgten dieser Regelung.)

25

Versprechen Sie etwas und halten Sie sich daran

Ein toller Chef stellt sicher, dass jeder jedes Versprechen einhält. Er geht mit gutem Beispiel voran. Das ist eine große Aufgabe, eine große Verantwortung, weil das Geschäftsleben aus einem riesigen Wirrwarr stillschweigender Versprechen besteht. Im Geschäftsleben zu stehen – für eine Non-Profit-Organisation oder für ein Unternehmen zu arbeiten, das Kunden, Mitgliedern, Patienten oder Studenten dient – signalisiert ein Versprechen. Kunden glauben, dass es das Versprechen eines Cafés ist, eine Tasse heißen Kaffee zu bieten, und deshalb erwarten Sie, den Kaffee heiß serviert zu bekommen. Kunden erwarten, dass die „Zahnweiß-Zahnpasta" ihre Zähne weiß macht. Kunden glauben, dass frisch gefangener Fisch tatsächlich vor ein paar Stunden noch lebte.

Alltäglich geben Unternehmen Versprechen und die Menschen, die in diesen Unternehmen arbeiten, machen ebenfalls Versprechungen. Beispielsweise ist eine Terminzusage ein Versprechen. Verkäufer, die zu spät zu einem Termin kommen, brechen ein Versprechen. Ärzte, die ihre Termine zu eng legen und ihre Patienten warten lassen, halten ihr Versprechen nicht. Fluggesellschaften, die Gepäckstücke verlieren, Flüge absagen oder ihre Passagiere hilflos an der Startbahn stehen lassen, brechen ein Versprechen.

Behauptungen in der Werbung sind ebenfalls Versprechen. Markennamen sind ein Versprechen (beispielsweise bedeutet FedEx Lieferung am nächsten Tag). Fahrpläne sind Versprechen. Die Rechnung der Telefongesellschaft ist ein Versprechen, dass richtig abgerechnet wurde. Wenn Rechnungen rechtzeitig bezahlt werden, wird ein Versprechen eingelöst. Wenn die Ansage auf einem Anrufbeantworter einen Rückruf ver-

spricht, dann muss auch umgehend zurückgerufen werden.

Arbeitgeber versprechen Lohn zu bezahlen, auszubilden und den Arbeitnehmern zu helfen, gute Arbeit zu leisten. Arbeitnehmer versprechen gute Arbeit zu leisten, bestimmte Verhaltensregeln zu respektieren, rechtzeitig zur Arbeit zu kommen und die wirtschaftliche Situation des Unternehmens zu verbessern.

Die Kosten gebrochener Versprechen sind heimtückisch und oft gewaltig. Vergrätzte Kunden gehen anderweitig einkaufen. Notdienste und Sofortdienste im Kundenservice sind teuer. Rücksendungen, Rückrufe, Rückgaben, Umtauschaktionen und Erstattungen sind ebenfalls kostspielig.

Manchmal wird das Versprechen eines Unternehmens zur Mission – zu einem Werbeslogan oder die Grundlage der Unternehmenskultur. Die amerikanische Post wirbt mit dem Slogan: „Weder Schnee noch Regen, weder Hitze noch die Dunkelheit der Nacht können unsere Boten davon abhalten, dass sie schnellstmöglich ausliefern." Das ist ein Versprechen, allen Widrigkeiten zum Trotz die Post zuzustellen. Das einfache Versprechen (obwohl es oft schwierig einzulösen ist) hat weit reichende Auswirkungen. Das Ver-

sprechen einzulösen – die Lieferung der Post – beinhaltet auch eine geeignete Ausrüstung, eine bestimmte Art von Personal und eine eindeutige Arbeitsplatzbeschreibung.

Erfolgreiche Unternehmen halten ihre Versprechen. Menschen, die ihre Versprechen immer einlösen, machen in guten Unternehmen eine steile Karriere. Der tolle Chef sorgt dafür, dass seine Leute vorankommen.

◆ 26 ◆

„Lassen Sie niemals zu, dass ich einen Fehler mache."

Ihre Mitarbeiter müssen wissen, dass sie Ihnen offen sagen können, was Sie hören müssen, und nicht, was Sie hören wollen. Eine großartige Regel eines großartigen Chefs heißt: „Lassen Sie niemals zu, dass ich einen Fehler mache." Diese Regel gilt für Mitarbeiter, Partner, Lieferanten und Berater. Die Mitarbeiter können nicht zulassen, dass ihr Chef unvorbereitet in eine Sitzung geht, dass er ohne Hintergrundinformationen

eine Strategie plant oder dass er eine Entscheidung trifft, ohne alle Fakten zu kennen.

Wenn der Chef einen störenden Fleck auf seinem Blazer hat, dann muss es ihm jemand sagen. Hat der Chef noch einen Spinatrest zwischen den Zähnen, dann muss man ihm das sagen. Spricht der Chef einen wichtigen Namen falsch aus, dann sollte ihm jemand den Namen in Lautschrift aufschreiben (oder ihm richtig vorsprechen). Beabsichtigt der Chef, eine gehässige Aktennotiz zu versenden, dann sollte sein Assistent einschreiten.

Ein großer Fehler war der Grund für eine temperamentvolle Unterredung. Zwei Mitarbeiter trafen sich, um eine Produkteinführung zu diskutieren. Einer der beiden arbeitete für einen Parfumhersteller, der das Unternehmen des zweiten Teilnehmers belieferte. Der zweite Gesprächsteilnehmer, der Kunde, war verärgert, dass das neue Produkt im Testmarkt versagt hatte. Der Kunde hielt dem Ingenieur des Parfumherstellers lang und breit vor, dass er ihn nicht hatte wissen lassen, dass eine andere, ebenfalls verfügbare Rezeptur besser gewesen wäre. „Ich habe Ihnen gesagt", schrie der Kunde, „lassen Sie niemals zu, dass ich einen Fehler mache." Erschöpft antwortete der Ingenieur: „Ich habe versucht, es Ihnen zu sagen. Immer wieder. Aber Sie wollten nicht hören."

Sofort fragte der Kunde den Ingenieur: „Was genau meinen Sie damit?" Der Ingenieur war sprachlos. Der Kunde fuhr fort: „Wenn Sie wussten, dass ich im Begriff war, einen Fehler zu machen, dass es eine bessere Rezeptur gibt, dann hätten Sie einen Weg finden müssen, zu mir durchzukommen. Wir haben Sie nicht nur ausgewählt, weil Ihr Unternehmen gute chemische Erzeugnisse herstellt, sondern weil ich Ihren Rat schätze. Gleichgültig was ich sage, gleichgültig wie laut ich meine Meinung vertrete, gleichgültig wie weit ich abgehoben habe, es liegt in Ihrer Verantwortung, mich nicht wissentlich einen Fehler machen zu lassen. Das ist auch in Ihrem Interesse, weil Sie uns mehr als nur eine gute Rezeptur verkaufen. Sie haben die Erlaubnis, mich zum Zuhören zu zwingen. Haben Sie das verstanden?"

Der tolle Chef stellt sicher, dass jeder ihn versteht. Wenn der Chef alles richtig macht, dann hat auch der Mitarbeiter eine bessere Chance, alles richtig zu machen.

„Lassen Sie niemals zu, dass ich einen Fehler mache" hat zwei logische Konsequenzen. Ein guter Chef lässt niemals zu, dass sein Vorgesetzter einen Fehler macht. Und ein guter Chef lehrt jeden, niemals zuzulassen, dass ein Kunde einen Fehler macht.

◆ 27 ◆

Sieben weit verbreitete Worte

Ein Ziel eines großen Chefs ist, seine Mitarbeiter anzuleiten, selbstständig zu denken, selbstbewusst zu sein. Ein großer Chef hat keine Angst davor, nicht alles zu wissen, oder etwas nicht zu wissen. Er ist kein Alles-Wisser. Er konkurriert mit dem Dreher nicht darum, wer von beiden an der Drehbank besser ist. Der tolle Chef weiß, dass gute Mitarbeiter ihren Job beherrschen. Gute und fähige Mitarbeiter herauszufordern, gute Leistungen zu erbringen ist manchmal so einfach, wie ihnen eine einfache Frage zu stellen.

Eine Managerin, die selbstständig zu denken lernte, war die leitende Geschäftsführerin eines herausragenden Unternehmens. Sie hatte einen großartigen Chef – den Vorstandsvorsitzenden. Sie arbeiteten 24 Jahre lang zusammen, 14 Jahre davon dienten zur Vorbereitung der Geschäftsführerin auf die Position der Generaldirektorin. Der Chef sagte ihr niemals, wie sie etwas tun, ein Problem lösen oder welche Entscheidung sie treffen solle. Selbst wenn sie ihn fragte, sagte der CEO nie, was sie tun solle. Stattdessen ließ der Chef seine Geschäftsführerin wichtige Entscheidungen treffen, sie aus ihren Fehlern lernen, Optionen gegeneinander abwägen und sich über schwierige Personalprobleme den Kopf zerbrechen. Der Chef war ein hervorragender Zuhörer, immer gegenwärtig, immer leidenschaftlich bei der Sache. Nach jeder der Wochenkonferenzen, in denen über Strategie, Planung und Abwicklung der Geschäfte gesprochen wurde, gab dieser CEO seiner Geschäftsführerin das gleiche Geschenk. Das Geschenk einer unbezahlbaren Lektion in Unternehmensführung. Ein Geschenk, das aus sieben ganz normalen Worten bestand. Immer wenn sie ein Thema besprochen hatten, bat die Geschäftsführerin normalerweise um seinen Rat. Der CEO antwortete jedoch immer: „Ich weiß es nicht. Was glauben Sie?"

Wenn der selbstbewusste Chef sagte „Ich weiß es nicht", dann war dies eigentlich ohne Bedeutung. „Ich weiß es nicht" war der Anstoß für andere, selbst zu überlegen. „Ich weiß es nicht" war die Anerkennung der Meinung des anderen und seiner Fähigkeit, sich eine Meinung zu bilden. Diese Formulierung ermöglicht es Menschen, die auf einem Fachgebiet als Experten gelten, ihr Expertenwissen zu nutzen. „Ich weiß es nicht. Was glauben Sie?" ist eine Einladung zu sagen, was man denkt. Und das ist Führung.

Sieben ganz normale Worte – und der Mut, die Selbstsicherheit und die Bescheidenheit, sie zu verwenden – führen zu ungewöhnlicher Weisheit.

◆ 28 ◆

„Lassen Sie sie doch Kuchen essen!"

Marie Antoinette hatte eine Schwäche: sündhaft schmackhafter Himbeer-Schokoladen-Kuchen mit Schlagsahne. Kein schlechter Grund, einmal eine Pause zu machen.

Oder man serviert Torte, so wie der außergewöhnliche Chef einer sehr erfolgreichen Druckerei es tat, dessen persönliche Angewohnheit, seinen Leuten mitten in der Nacht in der dritten Schicht Pizza zu servieren, legendär war.

Ist es das Essen, das der Seele gut tut, oder ist es etwas anderes? Wie dem auch immer sei. Der tolle Chef weiß, dass eine überraschende Tüte mit Süßem die Leute in der Poststelle, in den Büros oder an der Laderampe fasziniert. Der Taxibetreiber weiß, dass eine Schachtel Pralinen ihn bei den Beamten im Verkehrsamt beliebt macht. Der hart arbeitende Mitarbeiter in der Autowaschanlage weiß, dass Limonade und ein Cheeseburger an einem Samstag mitten im Winter sehr viel bedeuten, wenn man keine Pause machen darf, und er sagt: „Gnädige Frau, packen Sie ihn in eine neutrale Tüte, ich darf keine Pause machen."

Der großartige Chef unterstützt kleine Feiern, bei denen es etwas zu essen gibt. Eine Grillparty an einem Freitag auf dem Firmenparkplatz ist für den Chef eine wunderbare Gelegenheit, sich unter seine Mitarbeiter zu mischen und damit „Danke schön" oder „Gut gemacht" zu sagen. Der selbst gebackene Geburtstagskuchen (oder auch der aus der Konditorei, wenn man selbst kein guter Bäcker ist) ist eine ausgezeichnete Gelegenheit für die Mitarbeiter, zu plauschen und Spaß zu haben. Und nichts macht kleine Besucher in Mamis oder Papis Büro glücklicher als das volle Bonbonglas auf dem Schreibtisch.

Darüber hinaus sorgt der großartige Chef dafür, dass Reste nach der Party von den Angestellten mit nach Hause genommen werden dürfen.

♦ 29 ♦

Schießen Sie nicht mit Worten

Der Scharfschütze schießt nicht aus der Hüfte; es könnte misslingen. Der Scharfschütze weiß, dass ein Fehlschuss unbeabsichtigt Schaden verursachen kann. Ein Schütze zieht seine Waffe aus der Hüfte, zielt ruhig und schießt kontrolliert. Nur Revolverhelden schießen aus der Hüfte, sie sind wild und undiszipliniert. Ein Schütze weiß, dass ein Fehlschuss für ihn den Tod bedeuten kann. Der Revolverheld lernt das zu spät.

Schlaue Schützen schießen nicht aus der Hüfte. Schlaue Vorgesetzte schießen nicht mit Worten.

Achten Sie auf das, was Sie sagen. Achten Sie darauf, wie Sie es sagen. Ihre Worte haben Gewicht; sprechen Sie mit Umsicht. Angestellte sind finanziell von ihrem Chef abhängig. Sie brauchen Führung, Informationen, Einschätzungen, Gesinnung, Schutz und Förderung. Folglich hören Angestellte sehr genau darauf, was ihr Chef sagt. (Leider hören Angestellte mehr auf ihren Chef als dieser auf seine Angestellten.) Je höher der Vorgesetzte in der Unternehmenshierarchie angesiedelt ist, umso mehr Wirkung haben seine Worte. Wenn der Chef etwas sagt, dann beeinflusst dies, was die Mitarbeiter über sich selbst denken, übereinander, über das Unternehmen und die Kunden.

Sprechen Sie mit einem Angestellten nicht über andere Mitarbeiter, wenn diese den gleichen oder einen ähnlichen Rang im Unternehmen haben. Sprechen Sie in Anwesenheit eines Untergebenen nicht abschätzig von einem Ranghöheren. Schimpfen Sie nicht über einen Kunden: Damit verändern Sie die Einstellung des Untergebenen gegenüber dem Kunden. Der Kunde könnte dadurch weniger wichtig werden, schlechteren Service erhalten oder anderweitig schlecht behandelt werden. Der Verlust eines Kunden schadet dem Unternehmen, dem Chef und dem Angestellten.

Die sprichwörtliche Gerüchteküche, dieses allgegenwärtige und oft sehr präzise Kommunikationssystem in Büros, wird oft durch eine indiskrete Bemerkung des Chefs über einen Mitarbeiter in Bewegung gesetzt. Der gute Chef denkt und wägt ab, bevor er etwas kommentiert.

Der Chef darf nicht schwatzen oder sich an Gerüchten beteiligen. Der Chef darf nichts sagen, was unabsichtlich falsch verstanden werden könnte. Der Chef darf nicht einmal eine unangebrachte Bemerkung flüstern, denn für einen Angestellten ist das Flüstern des Chefs wie das Brüllen eines Löwen.

(Dieser Aphorismus wird Professor Gene Jennings von der University of Michigan zugeschrieben.)

♦ 30 ♦

Vereinbarung zur Konfrontation

Konfrontation ist nicht gleich Konfrontation. Konfrontation kann Konfrontationen verhindern. Konfrontationen müssen in einem Unternehmen angemessen eingegangen werden. Erleichtern Sie Konfrontationen. Machen Sie Verträge für Konfrontationen.

Für viele Vorgesetzte, Eltern oder Freunde ist es schwierig, einen Untergebenen, ein Kind oder einen Freund wegen einer wichtigen Angelegenheit zur Rede zu stellen. Menschen meiden Konfrontationen, weil dies eine unangenehme Sache ist, weil sie niemanden verletzen wollen und weil das Ergebnis schlimm sein kann. Doch Konfrontationen, beispielsweise wenn man jemanden zur Rede stellt, um ihm zu sagen, dass sein Verhalten verletzend ist, sind sehr wichtig, damit die Abläufe in einem Unternehmen effizient und effektiv funktionieren. Nicht zu konfrontieren, zu zögern, keine Bedenken zu äußern, auf göttlichen Beistand zu hoffen löst kein Problem. Ein beleidigendes Verhalten nagt und stört. Das Problem verschlimmert sich oft, bis es zu spät ist, einem Menschen zu helfen. Dann ist die Konfrontation unausweichlich.

Weil Konfrontationen unausweichlich sind, ist es besser, sich ihnen möglichst früh mit einem Minimum an Angst zu stellen als zu spät, um noch helfen zu können.

Stellen Sie Untergebene so zur Rede, dass es für sie akzeptabel ist. Machen Sie Konfrontationen zu einem legitimen Hilfsmittel des Managements. Vereinbaren Sie mit jedem Mitarbeiter, dass Konfrontationen erlaubt sind.

Der großartige Chef trifft diese Vereinbarung immer, wenn eine neue Beziehung zwischen Vorgesetztem und Untergebenem aufgenommen wird. Diese Vereinbarung ist ganz einfach: Lassen Sie uns vereinbaren, dass Sie dann, wenn etwas schief läuft, offen und vernünftig reagieren, wenn ich Sie wegen einer Angelegenheit zur Rede stel-

len werde. Das ermöglicht es uns, offen miteinander zu sprechen, ohne in Streit zu geraten.

Diese Vereinbarung erlaubt es dem Chef sofort zu intervenieren, wenn etwas aus dem Ruder läuft. Nun wird vom Mitarbeiter selbst erwartet, dass er zur Rede gestellt wird. Diese Vereinbarung zwischen Chef und Untergebenem zerstreut Ängste. Die Vereinbarung ist gut für den Chef und für den Mitarbeiter: Der Chef braucht nicht zu schmoren und zu brodeln, und der Mitarbeiter weiß, dass der Chef sich um seinen Erfolg im Unternehmen Gedanken macht.

Großartige Trainer bringen ganze Gruppen zu der Vereinbarung, sich offen die Meinung zu sagen. Sie geben die Regeln vor. Sie sagen den Beteiligten, sie sollten sich auf konstruktive Kritik gefasst machen und nichts persönlich nehmen. Damit ist es dem Trainer erlaubt einzuschreiten, zu ermutigen, ein wenig zu schreien und den Gruppen „Beine zu machen".

Der neue Chef kann ebenfalls solche Gruppenvereinbarungen treffen. Der tolle Chef jedoch trifft diese Vereinbarungen mit jedem Einzelnen.

◆ 31 ◆

Überraschen Sie!

Gratifikationen ohne Regeln sind gut. Dies sind die überraschenden Zulagen für einen einzelnen Mitarbeiter, für einige oder alle von ihnen. Sie werden je nach Laune des Chefs gewährt – für besondere Anstrengungen oder besondere Leistungen. Der Chef legt die Regeln dafür nicht offen. Die Mitarbeiter können den Erhalt dieser Sonderzuwendungen nicht planen oder insgeheim vorbereiten. Der Chef macht diese Zuwendungen auch nicht bekannt, sondern die Neuigkeit verbreitet sich von Mund zu Mund. Die Mitarbeiter lernen, dass es angenehme Überraschungen geben kann, wenn sie etwas richtig gut machen. Überraschende Prämien sind hochwillkommen und bleiben lange im Gedächtnis.

Selbst für den August war das heiße und dunstige Wetter im Yachthafen drückend. Die Temperaturen und die Luftfeuchtigkeit stiegen ständig. Am dritten Tag der Hitzewelle erreichte das Thermometer 46 Grad Celsius. Man konnte der Hitze nicht entkommen, da fast alle im Yachthafen im Freien arbeiten mussten. Das heiße Wetter lockte immer mehr Freizeitkapitäne auf den See. Mehr Boote bedeuteten mehr Betankungen und mehr Abfall, der aus den Booten geholt werden musste. Mehr Skipper bedeuteten mehr Eis, mehr Mineralwasser, mehr Boote, die zu reinigen waren, mehr Toiletten, die zu putzen waren. Mehr Motoren mussten schnell repariert werden. Mehr untüchtige Boote mussten abgeschleppt werden. Mehr Boote bedeuteten mehr Arbeit. Mehr Boote bedeuteten auch mehr Geld für den Yachthafen. Der Sommer ist die Zeit, in der in den noblen Yachthäfen das Geld verdient wird. Jedes nicht vermietete Boot ist ein verlorenes Geschäft, das nicht wiederkommt. Jedes Motorboot, das nicht darauf wartet, betankt zu werden, holt sich den Sprit anderswo. Der Besitzer des Yachthafens konnte sich keine Kopfschmerzen erlauben, keine Ohnmacht, keinen Hitzschlag und keinen Sonnenbrand. Der Besitzer des Yachthafens, der Chef, brauchte jeden Arbeiter in jeder Minute.

Die Hitze lag wie eine Dunstwolke über dem Yachthafen, doch jeder erschien zur Arbeit. Die Arbeiter kamen schon früher, aßen einen Apfel zu Mittag und machten erst sehr spät Feierabend. Nach Mitternacht vertrieb ein Gewitter die Hitze und reinigte die Luft.

Am nächsten Tag ging der Besitzer über seinen Yachthafen und blieb bei jedem Arbeiter stehen, um mit ihm einige Worte zu wechseln. Und jedem Mitarbeiter – von den Anlegermädchen und -jungen über die Mechaniker, von Saisonarbeitern bis zu den fest angestellten – schenkte er einen 100-Dollar-Schein, begleitet von einem ganz persönlichen und speziellen Dankeschön. Diese Sonderzuwendung kam unerwartet. Aus heiterem Himmel. Dieser Bonus war eine Sensation. Überraschend wie ein Gewitter.

Ein solches Gewitter kann verschiedene Formen annehmen – Geld, Blumen, eine Kurzreise, Geschenke, von Hand geschriebene Dankesbriefe, öffentliche Belobigungen. Dafür gibt es keine Regeln, doch alle guten Mitarbeiter wissen, was gemeint ist. Jeder gewinnt. Die Mitarbeiter füh-

len sich geehrt und strengen sich noch mehr an. Die Kunden werden gut behandelt und kommen wieder. Das Geschäft läuft. Der Chef hat seine Aufgabe erfüllt.

◆ 32 ◆

Seien Sie niemals kleinlich, setzen Sie niemals jemanden herab

Setzen Sie niemals jemanden öffentlich oder unter vier Augen herab, demütigen Sie niemanden oder drohen Sie niemals einem Angestellten. Blamieren Sie niemals einen Mitarbeiter und kränken Sie niemanden durch Sarkasmus. Zeigen Sie nie mit dem Finger auf einen Mitarbeiter. Seien Sie immer respektvoll. Klagen Sie niemals an, sondern fragen Sie nach einer Erklärung. Machen Sie keine Unterstellungen. Sorgen Sie

dafür, dass Sie immer echte Beweise und Belege haben.

Spielen Sie nie den starken Mann. Dennoch sollten Sie emotional sein. Treffen Sie die schwierigen Entscheidungen. Sie können fürsorglich sein und dennoch hart. Sie können gleichzeitig hart und nett sein.

Trampeltiere, Tyrannen, Autokraten, Maulhelden und Schwärmer sind schwach. Ihre Autorität resultiert aus ihrer Funktion und nicht aus ihrer Persönlichkeit. Solche Leute bleiben in schwachen Unternehmen länger als in guten. Schreihälse werden langfristig nur selten erfolgreich sein; das Unternehmen wird ihre Autorität letztlich untergraben. Mitarbeiter arbeiten nicht so hart, wie sie es könnten. Fehler werden vertuscht. Chancen werden nicht wahrgenommen. Wichtige Informationen werden nicht geteilt. Es wird subtile Sabotage geben. Gerüchte erreichen den Chef des Tyrannen oder gar den Vorstand. Lieferanten werden vorsichtig.

Von einem schlechten Chef können Sie ebenso lernen wie von einem guten Vorgesetzten. Hier ein solcher Fall.

Ein Unternehmer betrieb ein Baugeschäft. Sein Führungsstil basierte auf Einschüchterung. Er schüchterte seine Arbeiter ein. Oft sagte er, es gäbe viele Arbeiter, die er als Ersatz einstellen könnte. Er nutzte seinen Einfluss als Großabnehmer, um geradezu unvernünftige Konditionen auszuhandeln, fast unmögliche Lieferbedingungen zu stellen, Gutschriften zu verlangen und Sonderbehandlung zu fordern. Er behandelte alle wie leibeigene Sklaven. Den Architekten sagte er, sie seien unfähig, den Finanzierungsmaklern sagte er, sie seien dumm, und den Buchhaltern sagte er, sie seien altmodisch. Er war unverschämt, niederträchtig und widerlich.

Das Baugeschäft leidet unter hohem Konkurrenzdruck und hauchdünnen Gewinnspannen. Gute Arbeiter, die sehr genau arbeiten, sind ein entscheidender Faktor. Es ist ziemlich einfach, an „vielen tausend Nadelstichen" zu sterben, und das geschah dann auch. Vor dem Tyrannen und hinter seinem Rücken begannen die tausend Stiche. Lieferungen kamen eine Stunde zu spät; zwanzig Installateure warteten und taten nichts. Werkzeuge wurden über Nacht auf der Baustelle gelassen. Eine Aufgabe, die normalerweise in zwei Stunden zu erledigen war, nahm drei Stunden in Anspruch; eine Aufgabe, die normalerweise in zwei Tagen zu erledigen war, dauerte drei

Tage. Lieferungen wurden am Nordtor der Baustelle entladen anstatt am Südtor. Irgendjemand vergaß, Stahlträger in eine Betonwand einzuziehen, die natürlich neu aufgebaut werden musste.

Anstatt an einem 23-Millionen-Projekt 2 Millionen Dollar zu verdienen, machte die Baufirma einen Verlust von zwei Millionen Dollar und handelte sich wegen Terminüberschreitung eine Konventionalstrafe von 800 000 Dollar ein. Die Baufirma musste den Betrieb einstellen.

Nur kleine Geister setzen andere herab. Seien Sie ein großer Geist.

◆ **33** ◆

Hören Sie auf Schwindler, Narren und Betrüger

Wenn Kindermund die Wahrheit spricht, dann kann selbst ein Schwachkopf zu Einsichten gelangen. Der tolle Chef hört zu und er ist dabei demokratisch. Schätzen Sie den Rat oder Einwand eines Schwindlers, Narren oder Betrügers nicht gering. Missachten Sie nicht die Worte eines Maulhelden, eines Täuschers oder eines Trottels. Jeder kann einen Hinweis geben, eine Tatsache berichten, eine Antwort geben oder eine Idee haben. Der großartige Chef macht sich nur Ge-

danken über die Qualität der Idee und nicht, woher sie kommt.

Kriminalbeamte bekommen Tipps und Informationen von Kriminellen und Spitzeln. Der Polizei macht es nichts aus, dass sie ihre Hinweise von Leuten bekommt, die das Tageslicht scheuen. Die meisten Geheimdienste der Regierung zahlen Halsabschneidern und Gaunern Bestechungsgelder, um wichtige Informationen über die Schurken dieser Welt zu erhalten. Guten Leuten macht es nichts aus, wenn sie von schlechten Leuten Erfolg versprechende Informationen erhalten.

Missachten Sie keinen Ratschlag, auch wenn er widerlich, ungehobelt oder gar verletzend erteilt wird. Missachten Sie keinen Tipp, auch wenn er wütend, laut oder ärgerlich erteilt wird oder nur weil die Stimme abstoßend ist.

Hören Sie objektiv zu. Hören Sie mit Selbstbeherrschung zu. Schalten Sie, falls erforderlich, beim Zuhören Ihre Filter für Hässliches ein. Halten Sie den Mund, während der Schwindler, der Narr oder der Betrüger seinen Mund aufreißt.

Hören Sie zu. Überlegen Sie. Entscheiden Sie. Und dann tun Sie das, was Sie für richtig halten.

◆ 34 ◆

Kontrollieren Sie keine Spesenkonten

Die Methode zum Umgang mit Spesenkonten ist wie ein Ehrenkodex. Ehrenhafte Menschen brauchen keinen solchen. Unehrenhafte Menschen halten sich an keinen Ehrenkodex. Wenn Sie das Spesenkonto eines Mitarbeiters überprüfen müssen, weil Sie wissen oder vermuten, dass er schummelt, dann wollen Sie ihn eigentlich gar nicht in Ihrem Unternehmen haben. Wenn jemand Spesenbelege fälscht, dann werfen Sie ihn raus.

Neue Mitarbeiter sollten auf die Gepflogenheiten des Hauses hinsichtlich der Spesen hingewiesen werden. Einige Unternehmen erlauben, ermutigen gar bestimmte Spesen zur Bewirtung von Kunden. Andere Unternehmen stellen für diese Spesen, beispielsweise für Telefonate mit dem Mobiltelefon, ein monatliches Budget bereit. Für Spesen gibt es Regeln aus der Steuergesetzgebung und Vorgaben der Buchhaltung, die befolgt werden müssen. Bestimmte Auslagen werden den Kunden zugeschrieben und diese müssen genauestens benannt werden.

Das Überziehen des Spesenkontos ist Diebstahl. Schreibt man mehr Kilometer auf als wirklich gefahren wurden, nur um ein paar Cent mehr erstattet zu bekommen, dann ist dies Diebstahl. Werden Belege für Phantomfahrten und sonstige nicht existierende Auslagen eingereicht, dann ist das Diebstahl. Belastet man das Unternehmen mit privaten Telefongesprächen, dann ist das Diebstahl. Das Geld, das man über die tatsächlichen Auslagen hinaus erstattet bekommt, ist gestohlener Zaster. Damit werden die anderen Mitarbeiter im Unternehmen, die Aktionäre oder die Eigentümer des Unternehmens bestohlen. Wenn betrügerische Auslagen Kunden in Rechnung gestellt werden, dann gefährdet der Dieb das Unternehmen. Einen Dieb muss man feuern.

Der Missbrauch eines Spesenkontos ist bestenfalls eine falsche Einschätzung. Missbrauch ist ein weniger schlimmes Vergehen als Diebstahl, aber dennoch stellt es eine Veruntreuung der Mittel eines Unternehmens dar. Zum Missbrauch zählen überhöhte Ausgaben, beispielsweise wenn ein exotischer Sportwagen für eine Geschäftsreise gemietet wird oder indirekte oder teure Flugreisen gebucht werden, nur um Vielfliegermeilen gutgeschrieben zu bekommen. Der erste Missbrauch ist ein guter Grund für eine Unterredung mit dem betreffenden Mitarbeiter. Der Mitarbeiter könnte dabei etwas über gesunden Menschenverstand und angemessenes Verhalten lernen.

Der erste Missbrauch ist normalerweise kein Kündigungsgrund; immerhin hat der Mitarbeiter nicht versucht, Ausgaben zu verbergen. Doch für weiteren Missbrauch gibt es keine Entschuldigung.

Es zeugt von Umsicht, wenn man die Spesenkonten aller in Frage kommenden Mitarbeiter gelegentlich überprüft, um sicher zu sein, dass die Mitarbeiter nicht unwissentlich fehlerhaft abrechnen oder gegen steuerliche Vorschriften verstoßen oder dass sie Kosten, die den Kunden in Rechnung gestellt werden, richtig kontieren. Doch die regelmäßige Überprüfung der Spesen-

konten ist reine Zeitverschwendung. Die Überprüfung von Spesenkonten signalisiert Misstrauen oder untergräbt Vertrauen. Hat man es notwendig, die Spesenkonten ständig zu überprüfen, dann hat man die falschen Leute eingestellt.

Jede Sekunde, die Sie mit Überprüfungen verbringen, ist eine gestohlene Sekunde, die Sie Ihren Mitarbeitern oder Ihren Kunden widmen könnten. Und Diebstahl ist verboten.

◆ 35 ◆

Der Trainingsbus

Tolle Chefs haben Prinzipien. Sie sind aufrichtig, moralisch und nehmen Anteil. Diese Prinzipien werden schon in der Kindheit erlernt, in der Schule und im Zusammenspiel von Eltern, Lehrern und Gleichaltrigen. Der Charakter vieler Vorgesetzter wurde durch Sport, Theater, Diskussionsrunden und Jazz- oder Rockbands beeinflusst. Bei diesen Aktivitäten lernen die Menschen schon in jungen Jahren, wie man als Mitglied eines Teams lernt, sich auf andere zu verlassen, Druck auszuhalten, mit Würde zu gewinnen und zu verlieren – und loyal zu sein.

△▽△

Für viele Studenten war der Sport die Fahrkarte aus der kleinen ländlichen Stadt ins College, in einen Beruf oder zum Militär. Doch das Ticket galt nicht für alle Bundesstaaten. Es bedeutete nicht einmal die Mitgliedschaft in einer Meistermannschaft, obwohl diese kleine Schule mehrere Meisterschaften gewonnen hat. Sport gehörte in dieser kleinen Stadt zur Ausbildung der Studenten. Die Trainer lehrten Selbstdisziplin, Fairness und den Wettkampf. Die Trainer verlangten von jedem Spieler immer Pünktlichkeit. Die Trainer verlangten von allen Spielern hartes Training, die Zusammenarbeit mit anderen Spielern, die Spielregeln zu lernen und aufmerksam zu sein. Schulschwänzerei, fehlende Hausaufgaben oder schlechte Zensuren wurden von den Trainern nicht geduldet. Die Trainer lehrten, nach einer Niederlage nicht Trübsal zu blasen und sich bei einem Sieg nicht hämisch zu freuen. Die Trainer lehrten Ehrlichkeit, den Wert hervorragender Leistungen und Selbstwertgefühl. Angeber und Schaumschläger wurden ausgesondert.

Das Training vor der Footballsaison war brutal. Es war heiß, der Platz war hart und staubig. Der Footballtrainer war hart, doch jeder wusste um seine Fairness, und jeder wusste, dass der Trainer in der gleichen Hitze stand wie er selbst. Der Trainingsplatz war einige Kilometer von der

Schule entfernt. Täglich zogen sich die Spieler um und stiegen mit dem Trainer in den Schulbus, der sie über eine holprige Straße zum Trainingsplatz brachte.

Der Bus fuhr an einer Gruppe von Straßenarbeitern vorbei. Diese wurden vom Straßenbauamt als Tagelöhner engagiert. Sie schnitten die Büsche am Straßenrand und sammelten Abfall ein.

Plötzlich rief der Trainer: „Halten Sie den Bus an!" Als der Trainer aus dem Bus sprang, wandten sich 40 Footballhelme nach rechts. Der Trainer ging direkt auf einen etwa zwanzigjährigen Mann zu. Der trug ein Footballtrikot ihrer Mannschaft! 15 Sekunden später kam der Trainer zum Bus zurück, das Footballtrikot in der Hand. Mit dem Rücken zur Windschutzscheibe hielt er das staubige und zerschlissene Trikot hoch über seinen Kopf und bellte: „Meine Herren, dieses Trikot wurde erworben; es wurde nicht gefunden und nicht gestohlen. Das Trikot ist ein Zeichen für Erfolg und nicht für Versagen. Dieses Trikot ist ein Zeichen des Stolzes. Dieses Schultrikot, jedes Schultrikot, jedes Mannschaftstrikot repräsentiert, worum es einer Schule geht, um die Werte. Alle, die dieses Trikot tragen, tragen die Verantwortung, ihre Schule, ihre Lehrer, ihre Eltern und sich selbst in Ehren zu halten. Der

Junge da draußen verwirkte sein Recht, dieses Trikot zu tragen, als er sich entschied, sich mit Gammlern herumzutreiben anstatt zu studieren. Er verlor das Recht, dieses Trikot zu tragen, als er sich für Bier und nicht für den Ball entschied. Er verwirkte das Recht, dieses Trikot zu tragen, als er die Schule verließ und seine Mitspieler im Stich ließ.

Nun, wer in diesem Bus wird sich das Recht verdienen, dieses Trikot zu tragen?"

Vierzig Hände schossen in die Höhe.

Der großartige Chef ist ein Meister der Organisation. Er steht für das, wofür auch das Unternehmen steht. Der großartige Chef lässt nicht zu, dass der Name seines Unternehmens besudelt wird, und er lässt nicht zu, dass Menschen, die dem Unternehmen verbunden sind, den Ruf des Unternehmens schädigen.

Fahnen schwenkende Unternehmenspatrioten, Leute, die voller Stolz Produkte herstellen und verkaufen, sind eine gewaltige Kraft in einer Branche. Tolle Chefs bekommen tolle Mitarbeiter, die die Fahne tragen.

36

Viel Glück!

Sie können Glück haben. Sie können Ihre Chancen verbessern und Sie können Ergebnisse beeinflussen. Sie können eine absolut trostlose Situation abwenden, eine sichere Niederlage in einen Sieg verwandeln. Sir Winston Churchill schaffte es im Zweiten Weltkrieg für England.

Glück zu haben hat nichts mit einem Lotteriegewinn zu tun. Glück zu haben ist ein Resultat von Denken, Recherche, Zuhören, Vorbereitung und davon, vernünftige Risiken einzugehen. Glück zu haben hat nichts damit zu tun, nach einem Verlust beim Roulette den Einsatz zu verdoppeln, um schließlich auf einer Gewinnzahl zu landen. Glück zu haben hat etwas damit zu tun, nicht aufzugeben, es erneut zu versuchen, einen weiteren Kundenbesuch zu machen, am Freitagabend um sechs noch einen Anruf entgegenzunehmen, ein neues Produkt zu testen und einen neuen Superstar einzustellen.

Glück zu haben ist, jemandem geholfen zu haben, der sich zehn Jahre später dafür revanchiert. Glück zu haben ist das Ergebnis von Tätigkeiten: nicht nur darüber zu sprechen, etwas tun zu wollen, sondern tatsächlich die Schaufel in die Hand zu nehmen und zu graben oder den Stift in die Hand zu nehmen und zu schreiben oder die Verkaufsunterlagen zur Hand zu nehmen und zu verkaufen.

Doch Glück zu haben hat auch etwas damit zu tun, sich selbst sowie den Mitarbeitern eine Chance für den Erfolg zu geben. Bobby Thomson schickte Ralph Branca 1951 in einem denkwürdigen Baseballspiel zwischen den Brooklyn Dodgers und den New York Giants mit einem Homerun aus dem Spiel. Bobby Thomson ist der Erste, der zugibt, dass dies ein Glücksschlag war und er selbst gar nicht so viel dafür konnte. Allerdings nimmt er für sich in Anspruch, die Chance zu einem solchen Schlag ergriffen zu haben. Thomson meint damit, dass er diesen Schlag wollte. Er ging auf den Platz, um einen solchen Schlag zu versuchen. Bobby Thomson wusste, dass er den Ball nicht treffen könnte, wenn er den Schläger nicht durchschwingen würde. Also führte er den Schlag aus. Natürlich schwang er den Schläger mit großem Geschick. Doch Thomson machte etwas, was die meisten nicht tun: Er ging auf den Platz und schwang den Schläger. Und deshalb hatte er Glück.

Glück zu haben ist in Ordnung. Wer kümmert sich schon darum, weshalb Sie gewinnen oder erfolgreich werden? Bei Interviews mit Siegern auf allen Gebieten kommt man immer auf einen gemeinsamen Nenner – Glück zu haben. Ein überraschend hoher Prozentsatz erfolgreicher Menschen, insbesondere Vorgesetzte, schreiben ihren Erfolg ganz bescheiden dem Glück zu, der Gnade Gottes oder der Hilfe eines anderen.

Der tolle Chef ist oft sehr dankbar, bescheiden und er hat Glück. Das sind attraktive Eigenschaften, die andere gute Leute anziehen: eine preiswerte Möglichkeit, das Glück zu pachten.

◆ 37 ◆

Seien Sie hart, fair und freundlich, aber kein Freund

Seien Sie im Umgang mit Ihren Mitarbeitern und deren Leistungen hart. Geben Sie klare individuelle Ziele vor, Tätigkeiten, die zu verrichten sind, Fristen, die einzuhalten sind und knappe Budgets, mit denen man auskommen muss. Stellen Sie sicher, dass die Ziele und Pläne fair sind, sogar Respekt einflößend. Stellen Sie sicher, dass Ziele und Fristen gesetzt und eingehalten werden, dass Tätigkeitslisten abgearbeitet werden.

Fair zu sein ist sehr wichtig. Beim Sport kann man fair spielen oder foulen. Mitarbeiter erwarten und verdienen eine faire Behandlung, fair angehört zu werden und einen fairen Chef.

Der großartige Chef ist freundlich, aber kein Freund. Angestellte wollen nicht, dass der Chef ein Freund ist. Angestellte fühlen sich nicht wohl, wenn ein Vorgesetzter zu vertraut ist. Angestellte ziehen es vor, sich in der Anwesenheit ihrer Freunde zu entspannen und sich gehen lassen zu dürfen, aber nicht in der Anwesenheit ihres Chefs. Angestellte mögen es überhaupt nicht, wenn der Chef mit einem ihrer Kollegen befreundet ist. Freundschaft kann zu Begünstigungen führen, was sowohl den Chef als auch den Begünstigten gering erscheinen lässt. Begünstigungen sind unfair.

Verhalten Sie sich freundlich. Seien Sie höflich. Respektieren Sie die Ansichten anderer. Zeigen Sie für die Ideen und Beiträge anderer echtes Interesse. Kümmern Sie sich um die Mitarbeiter und ihr Wohlergehen, ihre Gesundheit und ihre Familien. Behandeln Sie jeden mit Würde und Höflichkeit.

Gute und fähige Mitarbeiter wünschen sich einen Chef, der geradeheraus sagt, was erwartet wird; der auf der Erfüllung von Erwartungen besteht; der

fair vermittelt und Probleme löst; der freundlich für einen freien und sicheren Arbeitsplatz sorgt.

Es ist keine besonders gute Idee, wenn ein Chef gemeinsam mit seinen Mitarbeitern einen Sport wie beispielsweise Basketball ausübt. Der Druck von Sieg und Niederlage kann Spannungen und Fehlurteile hervorrufen. Lassen Sie Ihre Mitarbeiter beim Basketball unter sich. Es ist auch keine gute Idee, wenn der Chef sich mit seinen Mitarbeitern jeden Freitagabend zum Poker trifft. Lassen Sie die Spieler unter sich bleiben. Der Chef verbrüdert sich nicht mit seinen Leuten. Der Chef geht mit seinen Mitarbeiterinnen abends nicht aus. Lassen Sie die Mädchen sich allein amüsieren.

Ebenso wie Kinder Eltern wollen und keinen Kumpel, so wollen Angestellte einen Chef. Also: Seien Sie der Boss. Und vergessen Sie nie, dass auch Sie und Ihr Chef freundlich miteinander umgehen, aber keine Freunde sein sollen.

◆ 38 ◆

„Stopp" bringt nur beim Scrabble Punkte

W enn Sie beim Scrabble „stopp" auf ein Dreifachfeld setzen, dann bringt das gute Punkte für ein Wort mit nur fünf Buchstaben, doch „stopp" ist etwas für Spiele und nichts für einen großartigen Chef. Der großartige Chef hört nicht auf und lässt auch nicht zu, dass sein Unternehmen aufhört. Man kann verlieren, aber darf nicht aufgeben.

Die Geschichte von David und Goliath ist im Geschäftsleben nicht ungewöhnlich. Wenn der Kleine nicht aufgibt, dann ist das Spiel, wie der große Philosoph Yogi Berra einmal sagte, „nicht zu Ende, bis es aus ist". Diese Lektion konnte man bei Small Co. lernen.

Small Co. war einer der Pioniere in einer bedeutenden und profitablen Nische seines Marktes. Zu dieser Zeit war diese Nische Ziel eines großen, finanziell starken und aggressiven Wettbewerbers. In dieser Branche gab es einen einflussreichen Ausschuss, der Empfehlungen für die Industrie herausbrachte, welche Produkte unter den Gesichtspunkten Sicherheit, Zuverlässigkeit und Gewährleistung gekauft werden sollten und welche nicht. Der starke Wettbewerber, Big Co., brachte den Ausschuss dazu, die Auswahlkriterien so neu zu definieren, dass sie genau dem Produkt von Big Co. entsprachen und das Produkt der Small Co. aus dem Rennen war. Für Small Co. war das eine schlimme Situation. Der Produktmanager bei Small Co. glaubte schon, das Geschäft sei verloren. Er war über die Vorgehensweise der Big Co. höchst aufgebracht, die er für falsch und unfair hielt. Er war auch verärgert, dass der Zulassungsausschuss den Manipulationen der Big Co. auf den Leim gegangen war. Der Produktmanager beschwerte sich beim Ausschuss und drohte, aus dem Markt auszusteigen (was vorübergehend katastrophal für den Markt gewesen wäre). Er verärgerte damit den Ausschuss, der daraufhin beschloss, dem landesweiten Ausschuss das Produkt von Big Co. als neuen Standard zu empfehlen.

Der Gründer von Small Co., inzwischen schon 70 Jahre alt, reagierte anders. Er rief ein Team zusammen, schwieg einen Augenblick und sagte dann: „Unser Unternehmen kämpfte schon von Anfang an mit Big Co. Sie müssen verstehen, was es bedeutet, in dieser Angelegenheit zu gewinnen. Um mit Winston Churchill zu sprechen, wir geben nie und niemals auf. Wir beugen uns weder Big Co. noch irgendjemand anderem. Ich schlage vor, dass wir an die Arbeit gehen. Morgen trifft sich der landesweite Ausschuss um 11.00 Uhr in Boston und wir werden dort sein!"

Sie arbeiteten bis 3.00 Uhr. Um 11.00 Uhr sprach der Gründer vor dem Ausschuss. Er sprach leidenschaftlich, sachlich, genau und drohte nicht. Um 11.20 Uhr lehnte der Ausschuss die Produktspezifikation von Big Co. ab.

Der Produktmanager von Small Co. beobachtete und lernte. Nie wieder war er sich eines Kunden sicher. Er sorgte dafür, dass er und sein Team täglich an Kunden verkauften. Nie wieder ließ er sich von der Größe, der Reputation oder dem Einfluss eines Konkurrenten einschüchtern. Nie wieder dachte er daran aufzugeben, und er ließ auch nicht zu, dass andere aufgaben. Er sagte seinen Leuten, „stopp" sei bei Scrabble ganz in Ordnung, nicht aber am Arbeitsplatz.

Letztlich folgte der Produktmanager dem Gründer als CEO nach.

◆ 39 ◆

Ihre Mitarbeiter sind Ihr Helium

Helium ist das Gas, mit dem Fesselballons in den Himmel aufsteigen.

Sie sind der Ballon und Ihre Leute sind das Helium. Menschliches Helium ist eine Mischung aus allem, was zum Erfolg führt. Menschliches Helium wird aus Leistung, Training, Innovation, Verlangen, Spaß, Wohlgefühl, Bestätigung und Freiheit komponiert. Je mehr Helium, umso höher werden Sie und Ihr Unternehmen aufsteigen.

Jeder Chef wird an den Ergebnissen seiner Leute gemessen. Der Verkaufsleiter, der mit sechs Verkäufern einen Umsatz von 8 Millionen Dollar macht, ist produktiver als der Verkaufsleiter, der 8 Millionen Dollar Umsatz mit sieben Verkäufern macht. Der Betriebsleiter wird daran gemessen, wie viele Maschinen in der Fabrik hergestellt werden, und nicht daran, wie viele er selbst zusammenbaut. Das Spiel wird von den Spielern auf dem Spielfeld gewonnen, nicht vom Trainer an der Seitenlinie.

Gute Mitarbeiter lassen den Chef gut aussehen. Motivierte, gut ausgebildete Mitarbeiter lassen einen Chef großartig aussehen. Und der großartige Chef weiß das.

Der großartige Chef weiß genau, dass sein Aufstieg eine Folge des Ertrags und der Mitwirkung guter und fähiger Mitarbeiter ist. Der großartige Chef weiß auch, dass demotivierte, demoralisierte und wenig organisierte Arbeiter ihn nach unten ziehen. Der großartige Chef lobt seine entscheidende Energiequelle und schenkt ihr viel Beachtung.

Der tolle Chef sieht, auch wenn er von seinen Mitarbeitern nach oben gebracht wird, niemals auf sie herab. Würde er dies tun, würde er nicht weiter aufsteigen.

◆ 40 ◆

Verbringen Sie 90 Prozent Ihrer Zeit mit Ihren besten Leuten

Verbringen Sie Ihre Zeit für Führungsaufgaben mit Ihren besten Mitarbeitern. Die besten zehn bis 20 Prozent der Mitarbeiter liefern 70 bis 80 Prozent der Ergebnisse. 60 Prozent der Führung und der Weiterbildung sollten Sie auf Ihre Superstars verwenden. 30 Prozent der Zeit für Führung, Trainings und Coaching sollten Sie für Mitarbeiter mit hohem Potenzial aufwenden. Für die C- und D-Klasse-Spieler, für die schwachen Mitarbeiter, bleiben dann noch zehn Prozent übrig. Das sind, wenn Sie monatlich 40 Stunden für Weiterbildung, Coaching, Planung, Arbeit und Motivation ihrer Leute eingeplant haben, 24 Stunden für die Superstars, 12 Stunden für die künftigen Superstars und 4 Stunden für die Nachzügler.

Der clevere Chef kennt diese Rechnung. Zu viele Vorgesetzte kennen sie nicht. Zu viele Chefs werden von problematischen Mitarbeitern angezogen wie Motten vom Licht. Zu viele Vorgesetzte investieren zu viel Zeit für schwache Mitarbeiter, die im Verhältnis zur Zeit, die man ihnen widmet, zu schwache Ergebnisse abliefern. Zu viele Vorgesetzte investieren zu wenig Zeit in ihre besten Leute.

Es ist ein Mythos, dass der Superstar allein gelassen werden will. Der Superstar mag zwar unabhängig und ein Individualist sein, er mag seine eigenen Wege gehen, doch der Superstar möchte, dass auch der Chef mitmischt. Der Superstar hat die Möglichkeit, den Chef zu überzeugen, dass im Unternehmen etwas getan werden muss, er lernt vom Chef oder bindet ihn in einen Geschäftsabschluss ein. Der Superstar kann mit der Aufmerksamkeit des Chefs aufblühen und noch bessere Leistungen erbringen. Der tolle Chef beobachtet den Weg seines Superstars

und versucht dessen Arbeitsweise auf die Mitarbeiter mit hohem Potenzial zu übertragen.

Die vier Stunden, die in die Nachzügler investiert werden, bestehen aus Beobachtung, Befragungen, Zuhören, Kontrolle der Aufträge, Weiterbildung und Ausschau halten nach dem Aufblitzen von Können. Wenn die Nachzügler nach Weiterbildung, Coaching, Warnungen und Zuwendung immer noch nicht besser werden, dann entlässt der fähige Chef solche Leute schnell und schafft Platz für potenzielle Superstars.

Würden Sie Ihr Geld in Aktien investieren und hätten die Wahl zwischen einem Wachstumsunternehmen mit hohen Gewinnen und einem lustlosen Unternehmen mit geringen Gewinnen, worin würden Sie investieren? Die gleichen Grundsätze sollten Sie anwenden, wenn Sie Zeit in Ihre Mitarbeiter investieren.

♦ 41 ♦

Ausreden zählen nicht

Übernehmen Sie persönlich Verantwortung. Übernehmen Sie Verantwortung für Ihre Aktionen und die Ihrer Untergebenen. Die Übernahme persönlicher Verantwortung wird eine immer seltenere Erscheinung, sodass sie zu einem entscheidenden Erfolgsfaktor wird. Zu oft tragen andere die Schuld an einem Fehler, zu oft war es die Aufgabe eines anderen. Zu viele geben anderen die Schuld an ihren Problemen, ihren Fehlern, ihrem Versagen und ihren Schwierigkeiten. Ein Chef, der Verantwortung übernimmt, erregt Aufsehen.

Der tolle Chef ist der Erste, der sagt: „Das war mein Fehler ... mein Irrtum ... ich habe es verpatzt." Der großartige Chef ist auch der Erste, der sagt: „Diese gute Idee stammt von Joe" oder „Den Erfolg dieses Projekts verdanken wir Dominiks harter Arbeit" oder „Den Erfolg verdanken wir Pat".

Mitarbeiter respektieren einen Chef, der Verantwortung übernimmt und Erfolge nicht immer für sich beansprucht. Mitarbeiter respektieren einen Chef doppelt, wenn er Verantwortung übernimmt, um jemanden zu schützen und anderen großzügig den Verdienst an Erfolgen zuschreibt.

Der großartige Chef sucht nicht nach Sündenböcken und Ausreden.

Der künftige Chef in unserem Beispiel lernte es auf die schmerzliche Art, Verantwortung zu übernehmen. Mit einigen anderen war er in der Ausbildung zu Kampffliegern der U.S. Air Force. Sie waren handverlesen. Sie waren gewohnt zu gewinnen. Sie hatten hervorragende akademische Zeugnisse und sie waren Führernaturen. Sie arbeiteten hart und erwarteten zu gewinnen und nicht zu versagen.

Das Ausbildungsteam musste eine ernüchternde Erfahrung machen: 26 der ursprünglich 58 Kandidaten schieden aus. Die übrig Gebliebenen, die ebenfalls glaubten, sie würden versagen, beschuldigten die Ausbilder, schoben die Schuld auf die Notengebung und auf das System im Allgemeinen.

Der für diese Gruppe verantwortliche Captain, ein mehrfach ausgezeichneter Kampfflieger, der ausersehen war, General zu werden, schloss eines Tages die Tür des Unterrichtsraums und ermahnte die angehenden Piloten: „Leute, wenn ihr jemanden sucht, dem ihr die Schuld zuschieben könnt, dann solltet ihr einmal in den Spiegel sehen und dort anfangen. Derjenige, der euch aus dem Spiegel ansieht – und nur dieser –, ist für euren Erfolg oder Misserfolg verantwortlich. Verantwortung beginnt bei jedem selbst."

Wochen später gingen der Captain und sein Flugschüler die Checkliste vor dem Start durch. Plötzlich stieg der Captain aus dem Cockpit und erlaubte seinem Flugschüler den ersten Alleinflug: „Du bist nun auf dich gestellt. Viel Glück."

Als der neue USAF-Kampfpilot durch die Wolken raste, tat er genau das, was sein Captain angeordnet hatte. Der neue Pilot nahm seine Kappe ab, drehte den Spiegel zu sich und zwin-

kerte der einzigen Person zu, die dies möglich gemacht hatte.

Der großartige Chef übernimmt öffentlich Verantwortung, wenn er sich irrt und wenn sein Team einen Fehler macht. Der großartige Chef würdigt aber auch öffentlich seine Mitarbeiter für ihre Erfolge.

Es reicht aber auch aus, ganz allein in den Spiegel zu sehen und der Person anerkennend zuzunicken, die etwas geschafft hat.

◆ 42 ◆

Lehren Sie jeden Tag zehn Minuten lang

Lehren oder zeigen Sie jemandem etwas – täglich zehn Minuten lang. Unterrichten Sie jemanden selbst oder richten Sie es so ein, dass ein anderer den Unterricht übernimmt. Lehren und Üben ist ein Teil der stetigen Erziehung, die den Mitarbeiter verbessert und das Unternehmen stärkt. Einen Mitarbeiter zu unterrichten, wie man eine neue Maschine bedient, wie man recherchiert, wie man besser verkauft oder wie man ein Auto poliert, hebt sofort die Produktivi-

tät. Unterricht bringt hohe Gewinne bei geringem Investitionsaufwand.

Der tolle Chef bietet Gelegenheiten zu lernen, neue Erfahrungen, interne und externe Seminare, Literaturlisten, Training-on-the-Job und gibt praktische Anweisungen. Der großartige Chef weiß, dass seine besten Mitarbeiter lernwillig sind, und solche fühlen sich zu „Lehrern" hingezogen. Lehrer lernen, was sie unterrichten. Großartige Chefs unterrichten und gewinnen so die besten Mitarbeiter.

Die Armee trainiert ständig. Die Feuerwehr trainiert ständig. Sportler trainieren ständig. Musiker und Entertainer trainieren ständig. Chefs und Mitarbeiter sollten ebenfalls ständig trainieren.

Zehn Minuten täglich machen im Jahr etwa 2 400 Minuten oder 40 Stunden aus. 40 Stunden entsprechen in etwa einem Kurs an einem Fortbildungsinstitut.

◆ 43 ◆

Stellen Sie die Verhaltensregeln auf den Prüfstand
Teil 1

Ohne Verhaltensregeln für Notfälle würde in vielen Unternehmen wahrscheinlich Anarchie ausbrechen. Und je größer das Unternehmen, je mehr Mitarbeiter, je mehr Gelegenheiten es gibt, umso größer der Bedarf an grundlegenden Verhaltensregeln. Doch je umfangreicher ein solches Verfahrenshandbuch ist, umso träger ist das Unternehmen. Innovation und Unternehmergeist nehmen ab, wenn die Zahl der Vorschriften steigt.

Die beste Strategie ist, seine Arbeit zu machen – und zwar gut. Beachte die vernünftigen Gebote, aber erledige den Job. Strategien sollten die Kundengewinnung und die Pflege der Kunden nicht behindern, doch viele tun genau das.

Geschichten über unsinnige Strategien sind immer lustig. Unsinnige Strategien sind ein Witz. Stellen Sie sicher, dass Ihre Strategien kein Witz sind und kein Stoff für Geschichten wie die folgende sind.

Ein Geschäftsreisender, der in einem renommierten Hotel Station machte, wollte sich ein Menü aus der Speisekarte des Restaurants auf seinem Zimmer servieren lassen. Er ging also ins Restaurant und sprach mit dem Restaurantchef. Das Hotel benutzte für den Zimmerservice und das Restaurant die gleiche Küche. Die Restaurantkellner servierten die Bestellungen des Zimmerservice. Die Preise der Speisen auf der Karte für den Zimmerservice waren höher als auf der Restaurantkarte. Sitzt ein Gast im Restaurant, dann beansprucht er einen Tisch mit drei weiteren Plätzen, die nicht belegt werden können. Bestellungen über den Zimmerservice wurden mit einem Aufschlag belegt, der dem Hotel und nicht dem Kellner zugute kam. Doch der Restaurantchef wollte die Bestellung des Gastes nicht entgegennehmen.

Gast: Weshalb nicht?

Restaurantchef: Das ist eine Anordnung.

Gast: Und wer hat die Anordnung gegeben?

Restaurantchef: Ich weiß es nicht.

Gast: Würde jemand davon erfahren, wenn Sie sich nicht an die Anordnung halten?

Restaurantchef: Ich weiß es nicht.

Gast: Wenn Sie der Besitzer des Hotels wären und die Möglichkeit hätten, ein Menü zu einem höheren Preis mit einem Aufschlag für den Zimmerservice zu verkaufen, zu den gleichen oder niedrigeren Kosten für die Zubereitung und ohne Sitzplätze im Restaurant zu verlieren, was würden Sie tun?

Restaurantchef: Ich würde das teurere Menü verkaufen.

Gast: Dann tun Sie es doch.

Der Restaurantchef erfüllte den Wunsch des Gastes.

Einige Unternehmen sind stolz darauf, für jede Situation eine Regel zu haben. Ein Unternehmen hat tatsächlich ein 32-seitiges Regelwerk zu den Anforderungen an Visitenkarten! Das Verfassen, die Veröffentlichung, die Verteilung, das Lesen, die Ablage und die Umsetzung dieses Regelwerks kosten mehr als hundert frei gestaltete Visitenkarten.

Ein großes Industrieunternehmen beschäftigt fast fünfzig Mitarbeiter in seiner Personalabteilung, die Hunderte solcher Regeln verfassen und veröffentlichen. Würde man das Regelwerk entsprechend einer Klebeverordnung an eine Wand heften, dann könnte man damit ganze Flure tapezieren. Wenn ein hoch bezahlter Ingenieur ans andere Ende des Landes fliegt, um einem Kunden aus einer ernsthaften Krise zu helfen, das ganze Wochenende arbeitet, gegen Mitternacht wieder zurückkommt, und am nächsten Morgen ein Viertelstündchen zu spät am Arbeitsplatz erscheint, dann wird ihm eine Stunde Arbeitszeit auf den Urlaub angerechnet oder das Gehalt wird entsprechend gekürzt. Diese lächerliche Anordnung verletzt die Moral und mindert die Produktivität. Diese Personalabteilung behandelt Mitarbeiter wie Schuldner.

Schwache Vorgesetzte verstecken sich hinter Verhaltensregelungen. Großartige Chefs sind Verhaltensregelungen gegenüber misstrauisch. Der großartige Chef überprüft Verhaltensregelungen regelmäßig auf Relevanz, Effektivität und Fairness. Alle Regelungen werden regelmäßig überprüft, um herauszufinden, ob sie der Geschäftstätigkeit nicht abträglich sind.

Vorgesetzte führen Menschen, keine Stechuhren oder Terminkalender. Menschenführung erfordert gesunden Menschenverstand und kein Buch voll mit Regelungen. Gäbe es für jede Situation eine Regelung, dann bräuchte man keine Vorgesetzten.

Regelungen schaffen Bürokratie und Bürokratie schafft neue Regelungen. Werfen Sie heute die dümmste Regelung über Bord. Stellen Sie die Aufsicht über die Einhaltung von Regelungen auf den Prüfstand.

Tolle Chefs erfinden keine Regelungen, sie ermöglichen Leistung.

◆ 44 ◆

Stellen Sie die Verhaltensregeln auf den Prüfstand
Teil 2

Hier eine weitere unglaubliche, lächerliche und komische Geschichte (wenn man nicht betroffen ist) über unsinnige Regelungen.

△▽△▽△

Zusammen mit einem Vertreter der Personalabteilung, der eine ganze Reihe von Vordrucken und Berichtsformularen bei sich hatte, führte ein schwacher Vorgesetzter mit einem hervorragenden Mitarbeiter ein Halbjahresgespräch.

Chef: Sie sind der beste Ingenieur, den ich jemals hatte. Sie sind der beste Problemlöser, mit dem ich je zusammengearbeitet habe. Über Sie habe ich eine Reihe von Lobesbriefen von Kunden erhalten.

Mitarbeiter: Danke.

Chef: Aber ...

(Überwacher von Regelungen haben immer ein „gut, aber" parat.)

Aber Sie und die Leute, die für Sie arbeiten, reichen ihre Spesenabrechnungen nicht rechtzeitig ein. Die Regelung besagt: innerhalb einer Woche. Es gibt zahllose Beispiele dafür, dass Ihre Abteilung die Spesenabrechnung zwei, drei und sogar vier Wochen zu spät eingereicht hat.

Mitarbeiter: Der Grund dafür ist, dass wir oft zwei oder drei Wochen am Stück unterwegs sind.

Chef: Außerdem haben Sie in diesem Jahr nur 250 Dollar in den Wohltätigkeitsfonds einbezahlt.

Mitarbeiter: Ich dachte, das sei auf freiwilliger Basis.

Chef: Und außerdem ist die Urlaubsliste Ihrer Abteilung noch nicht vollständig. Und nicht jeder Ihrer Mitarbeiter ist der Bürgerinitiative des Unternehmens beigetreten.

Mitarbeiter: Es gibt einige, die ihre politische Freiheit bewahren wollen.

Chef: Ich möchte Ihnen nur so viel sagen: Ihre Arbeit ist in Ordnung. Aber Sie halten sich nicht an die Regelungen. Sie denken zu unternehmerisch.

Mitarbeiter: Ist das denn schlecht?

Chef und Mitarbeiter aus der Personalabteilung wie aus einem Mund: Sie halten sich aber nicht an die Regelungen.

Lassen Sie nicht zu, dass Regelungen die Leistung schwächen. Lassen Sie nicht zu, dass Regelungen Ihre Leistungsträger abstumpfen. Zu viele Regelungen sind ein Warnsignal dafür, dass ein Unternehmen schwache Mitarbeiter einstellt, Mitarbeiter die nicht selbstständig denken können. Fähige Chefs stellen Mitarbeiter ein, die keine Regelungen benötigen. Das erspart dem großartigen Chef und dem Unternehmen Zeit und Geld.

◆ 45 ◆

Der Adler holt keine Ratten aus ihren Löchern

Verschiedene amerikanische Indianerstämme verehrten den Weißkopfseeadler und den Goldadler. Diese prächtigen Vögel sind der Inbegriff von Majestät. Der Flug des Adlers ist fliegerische Poesie. Die Häuptlinge staunten über die Erscheinung, den Körper, die Würde und den stolzen, wilden Blick des Adlers. Indianerhäuptlinge versuchten ganz bewusst, den Adler nachzuahmen: Sie waren zurückhaltend, unnahbar, wachsam und wie der Adler holten sie keine Ratten aus ihren Löchern.

Der Adler ist ein Sinnbild für Würde.

Wie die Adler erniedrigten die großen Häuptlinge der Geschichte sich nicht selbst. Sie ließen sich nicht zu denen herab, die sie als minderwertig oder unzivilisiert betrachteten. Schlangen, Frettchen und Wiesel kriechen in ein Rattenloch, nicht aber der Adler, ein Häuptling, ein Chef. Großartige Chefs haben zu viel Klasse und Selbstvertrauen, als dass sie sich auf Schlammschlachten einließen.

Großartige Chefs lassen sich nicht auf Schreiereien ein, nicht auf hässliche Kleinkriege mit Aktennotizen oder auf Verleumdungen. Sie brauchen keine Ausreden. Sie schießen nicht aus dem Hinterhalt und sie meckern nicht. Großartige Chefs sind zivilisiert, höflich, charmant und haben gute Umgangsformen.

Wie ein Adler erhebt sich der souveräne Chef und fliegt weiter.

♦ 46 ♦

Stehen Sie für Ihr Team ein

Der tolle Chef schützt seine guten Mitarbeiter. Jeder macht Fehler. Gute Mitarbeiter begehen keinen Fehler absichtlich. Gute Mitarbeiter wollen ihre Sache gut machen, wollen ihre Aufgaben richtig lösen, sie wollen gewinnen und erfolgreich sein. Aus Fehlern kann man lernen und persönlich wachsen. Fehler können schmerzhaft sein, und die Lehren, die man aus Fehlern zieht, können die notwendige Medizin dagegen sein. Der großartige Chef jedoch lässt einen guten Mitarbeiter seine Fehler nicht allein ausbaden. Der großartige Chef opfert niemanden, um seine eigene Haut zu retten.

Krisen, die den großartigen Chef auf den Prüfstand stellen, können immer passieren und sind normalerweise nicht vorhersehbar.

In diesem Fall war es eine Messe, die aus dem Ruder lief. Die beiden Mitarbeiter, die für Messen verantwortlich waren, waren sehr bestürzt. Ihr neuer Chef trat genau an dem Tag seinen Dienst an, an dem sich etwas sehr Unglückliches ereignete. Irgendwie kam eines der Ausstellungsstücke nicht rechtzeitig zur Eröffnung der Regionalmesse an. Der Bezirksleiter war wütend. Das fehlende Ausstellungsstück bedeutete weniger Verkäufe und fehlinvestiertes Geld. Die beiden Manager, die die Messe betreuten, mussten sich ihrem neuen Chef vorstellen und ihm gleichzeitig einen großen Fehler gestehen; sie wussten, dass er dem Bezirksleiter gegenüber dieses Thema keinesfalls unerwähnt lassen würde. Der neue Chef hörte aufmerksam zu und sagte, er wolle mit dem Bezirksleiter sprechen. Außerdem bat er die beiden Messebetreuer, ein wasserdichtes System zu entwickeln, damit sich ein solcher Fehler nicht wiederholen könne.

Der Bezirksleiter rief den neuen Chef an, der sich so meldete: „Abteilung für Vermasseln von

Verkaufsmessen, wie kann ich Ihnen helfen?" Der Bezirksleiter, der sich auf die üblichen Entschuldigungen und Schuldzuweisungen vorbereitet hatte, war überrascht. Ihm gefiel die Offenheit des neuen Chefs. Der sagte, dass er für das fehlende Ausstellungsstück verantwortlich sei, dass so etwas nicht wieder vorkommen würde, und ob er etwas tun könne, um die Verkaufszahlen doch noch zu retten, vielleicht durch ein persönliches Anschreiben an die Kunden? Der Bezirksleiter war beeindruckt und besänftigt. Die Namen der beiden Messebetreuer wurden nicht erwähnt.

Der neue Chef erwarb das Vertrauen und die Loyalität seines Teams, weil er sein Team vor Schaden bewahrte.

47

Große Erwartungen

Große Erwartungen ist nicht nur der Titel eines Buches von Charles Dickens. „Große Erwartungen" sind eine Gesinnung. „Große Erwartungen" sind ein mutiger Vorstoß in eine unbekannte Zukunft. Große Erwartungen zu haben heißt nicht nur sich Ziele zu setzen, sondern sie sind die Herausforderung, Außerordentliches zu leisten, das Unmögliche möglich zu machen. Große Erwartungen werden zu bahnbrechenden Missionen für Personen und Unternehmen. Neue Unternehmen werden auf großen Erwartungen errichtet. Großartige Chefs wissen, dass große Erwartungen Mitarbeiter von den Fesseln der Vergangenheit, von alten Wegen und alten Methoden befreien können. Große Erwartungen zu hegen setzt die Kreativität von Unternehmen frei. Mitarbeiter, die große Erwartungen erfüllen sollen, haben das Gefühl etwas Besonderes, auserwählt und wichtig zu sein. Mitarbeiter, an die große Erwartungen gestellt werden, wollen nicht enttäuschen. Große Erwartungen motivieren und schweißen zusammen. Als der amerikanische Präsident John F. Kennedy verkündete, dass Amerika bis zum Ende des Jahrzehnts einen Menschen zum Mond schicken würde, rüttelte er die Raumfahrtindustrie wach, gab ihr Energie und beschleunigte das Vorhaben.

Große Erwartungen zu hegen kann ein Unternehmen aufrütteln und zu neuem Denken und Handeln beitragen. Genau das tat der neue Generaldirektor, als er seinem Geschäftsführer neue Wachstumsziele vorgab. Die Abteilung sollte den Umsatz innerhalb eines Jahres von 8 auf 20 Millionen Dollar steigern. „Diese Zahlen sind Wahnsinn. Ein solches Wachstum hatten wir noch nie. Wie soll ich das denn machen?", fragte der Geschäftsführer. Der Generaldirektor antwortete: „Sie sind der Geschäftsführer – Sie werden es herausfinden. Doch hier noch eine

Anregung, die Ihnen bei Ihren Überlegungen und Planungen helfen soll: Es gibt zwei Möglichkeiten, Ziele zu setzen. Man kann auf die Wachstumsrate der Vergangenheit blicken und einen gewohnten Zuwachs vorhersehen. Das ist das alte Denken. Man kann aber auch das Wachstumspotenzial und die Kapazitäten der Marke betrachten und nach den Sternen greifen."

Der Geschäftsführer war gezwungen, anders zu denken, seine bisherigen Denkmuster zu verlassen. Er legte all seine mentalen Scheuklappen ab und war nicht länger an die alte Mentalität des Unternehmens gebunden. Er war frei, um in großem Rahmen zu denken, er war gezwungen, in großem Rahmen zu denken, seine Gedanken bewegten sich in größerem Rahmen als je zuvor. Das Unternehmen führte eine völlig neue Produktlinie ein, veränderte seinen Marketingansatz, verstärkte die Marke und etablierte sich als das Unternehmen mit dem stärksten Wachstum der gesamten Branche.

Große Erwartungen sind eine Geisteshaltung großartiger Chefs.

◆ 48 ◆

Ein wenig schrullig zu sein geht in Ordnung

Großartige Chefs hinterlassen oft einen unvergesslichen Eindruck. Sie zeigen unerwartete Charakterzüge und ungewöhnliches Verhalten. Sie können einen bestimmten Stil pflegen, ein bestimmtes Aussehen. Sie können schrullig sein, sie können wütend sein oder außergewöhnliche Anforderungen stellen. Sie können launisch, seltsam und hervorragend sein.

Abraham Lincoln war gesellig, häuslich und trug witzige Kleidung, doch die Generäle der Union taten, was er sagte. Herb Kelleher von Southwest

Airlines ist Kettenraucher, der aber in seinen Flugzeugen das Rauchen nicht gestattet, der ein wenig trinkt, spät aufsteht und seine Angestellten und Kunden innig liebt. Seine Flugzeuge fliegen pünktlich und die Kunden lieben diese Fluggesellschaft. Jack Welch spricht mit einer hohen und schrillen Stimme, mit einen Anflug von Stottern, doch jeder bei General Electric versteht seine Ziele und seine Vorhaben. Red Auerbach zündete sich eine Zigarre an, um einen Sieg seiner nicht rauchenden und konditionell fitten Boston Celtics zu signalisieren. General George Patton und seine Revolver mit Perlmutt besetztem Griff, General MacArthur und seine Pfeife mit einem Kopf aus Maiskolben, Mary Kay und ihr rosaroter Cadillac und Fiorello La Guardia und seine Blume im Knopfloch waren unvergessliche Chefs mit einem unvergesslichen Stil.

Schrullige Chefs durchbrechen das stereotype Muster der leitenden Angestellten. Sie signalisieren, dass es in Ordnung ist, anders zu sein, dass es in Ordnung ist, nicht konform zu sein und nicht alten Traditionen anzuhängen. Schrullige Chefs erlauben ihren Unternehmen, schrullige und talentierte Mitarbeiter zu tolerieren. Schrullige Talente versuchen Dinge, die Wettbewerber, die traditionelle Wege gehen, nicht versuchen. Ben und Jerry's Ice Cream beruht auf Schrulligkeit. Ebenso MTV.

Robert Krieble, der Vordenker der Loctite Corporation, war schrullig. Obwohl er sehr reich war, fuhr er ein Auto, das aus einem Crash-Wettbewerb als Verlierer hervorgegangen war. Trotz zweier Notlandungen in seinem klapprigen Flugzeug bestand er darauf, es selbst zu reparieren. Dennoch waren es seine Visionen, die den Verkauf der Produkte von Loctite in Übersee vorantrieben, bevor sie jenseits des Mississippi angeboten wurden. Heute wird der Superkleber von Loctite in 140 Ländern auf der ganzen Welt verkauft.

Der schrullige Chef mag vielleicht seltsam oder exzentrisch handeln. Weshalb sollte das jemanden stören, solange er seine Aufgaben erledigt? Der kompetente schrullige Chef ist zuversichtlich, denkt unabhängig und ist gegenüber Herdenmentalität und Gruppendenken weniger anfällig.

Weil er sich Normen nicht anpasst, sich Vorschriften nicht beugt, regt der schrullige Chef sein Unternehmen dazu an, das Unkonventionelle wenigstens zu versuchen.

◆ 49 ◆

Werden Sie nicht müde

Handeln Sie nicht so, als seien Sie müde und erwecken Sie auch nicht diesen Anschein. Gähnen Sie nicht. Erzählen Sie nicht allen Leuten, wie lange und wie hart Sie gearbeitet haben. Erzählen Sie den Leuten nicht, wie müde Sie sind. Den Leuten ist das gleichgültig. Erzählen Sie niemanden, wie anstrengend Ihre Geschäftsreisen sind. Erzählen Sie nicht von Ihrem Jetlag. Die Leute wollen keinen netten Onkel, mit dem sie über alles reden können, der aber nichts voranbringt. Die Leute wollen kraftvolle, energische und zupackende Chefs.

Seien sie kraftvoll. Seien Sie bereit. Seien Sie aktiv. Kraftvoll zu sein ist eine Geisteshaltung. Wenn Sie krank sind, dann gehen Sie zu einem kraftvollen Arzt. Sagen Sie Ihren Angestellten nicht, dass Sie krank sind. Sie wollen es nicht wissen. Die Leute wollen mit und für mental gesunde, mental robuste Chefs arbeiten, und nicht für mental ermüdete Chefs.

Kraftvoll zu sein bedeutet nicht, dass Sie sich wie ein frenetischer, rasender, super-geschäftiger, wirbelnder Derwisch aufführen sollen. Der typische überdrehte, ständig mit drei Telefonen hantierende Manager ist ein Klischee, das für niemanden interessant ist. Kontrollierte Energie ist ruhig und gezielt. Seien Sie anregend, aber nicht aufregend.

Blasen Sie keine Trübsal, lassen Sie den Kopf nicht hängen, lassen Sie sich nicht gehen, seufzen Sie nicht. Schließen Sie Ihre Augen nicht, reiben Sie sie nicht, machen Sie in der Öffentlichkeit kein Nickerchen. Lächeln Sie, sagen Sie jemandem etwas Nettes, gehen Sie umher, benutzen Sie Ihre Aktentasche als Hantel, zeigen Sie sich und zeigen Sie sich früh.

Energie gibt Kraft. Die Energie eines großartigen Chefs verleiht dem ganzen Unternehmen Kraft. Ein kraftvolles Unternehmen ist immer

besser als ein lethargisches Unternehmen. Der energische Chef ist immer besser als der lethargische Chef. Geistige Beweglichkeit ist immer besser als geistige Verkümmerung.

Werden Sie nicht müde. Müdigkeit ist die Garantie dafür, bald in den Ruhestand geschickt zu werden.

◆ 50 ◆

Gewinnen Sie nicht den Wetteinsatz

Im Büro Wetten abzuschließen macht Spaß. Raffinierte, komplizierte Wetten im Büro machen am meisten Spaß. Jemand entwirft eine Wette, bei der sich jeder Mitspieler eine Mannschaft aussucht, und jeder setzt ein wenig Geld ein. Danach werden sorgfältig die Spielpläne studiert. Die Leute diskutieren beispielsweise, welches die besten Pferde sind, die am Kentucky Derby teilnehmen. Sie ziehen Namen aus einem Hut und beobachten genau, was die anderen tun.

Die Leute hoffen, dass ihr Team gewinnen wird, der große Sieger sein wird.

Der tolle Chef beteiligt sich an diesem Spiel, aber er gewinnt nicht. Er findet einen Weg, wie er verlieren kann, wie er disqualifiziert werden kann, oder er tauscht sein Siegerlos mit einem anderen.

Gewinnt ein Mitarbeiter, dann gewinnt auch der Chef. Und wenn der Mitarbeiter den gesamten Einsatz gewinnt, dann gewinnen das Büro und der Chef.

Der Chef zahlt auch in den Topf ein, denn würde er das nicht tun, dann hielte man ihn für elitär. Doch er gewinnt den Einsatz nicht, weil dies Verstimmungen hervorrufen könnte. Auch für den Chef wäre es peinlich, wenn er den gesamten Gewinn mit nach Hause nehmen würde. Und wenn der Chef, trotz aller Bemühungen zu verlieren, dennoch den Einsatz gewinnen sollte, dann nimmt er für sich in Anspruch, der schlauste Spieler zu sein, und lässt seinen Gewinn für die nächste Spielrunde im Topf oder verteilt den Gewinn unter die Nächstplatzierten.

Epilog – Tolle Chefs schaffen tolle Chefs

Zum Schluss noch einige Aussagen wunderbarer Chefs über ihre wunderbaren Chefs. Es sind Zitate einiger, die zu diesem Buch einen Beitrag geleistet haben. Jedes Zitat ist als Lektion zu verstehen, die beschreibt, wie man ein toller Chef wird. Lesen Sie weiter.

„Mein erster Mentor war meine Großmutter. Sie trug dazu bei, meinen Glauben zu formen, und sie half mir zu verstehen, dass ständiges und diszipliniertes Lernen eine Notwendigkeit ist. Sie pries das Vorwärts-Denken mit einer optimistischen Haltung, die alles machbar erscheinen ließ, selbst in den schwierigsten Zeiten. Sie lehrte mich, dass man gewinnen kann, wenn man von einer Sache wirklich überzeugt ist."

„Mein Vater starb, als ich gerade zehn Jahre alt war. In dieser Zeit, wie auch heute, halfen die Einwanderer aus dem gleichen Land einander. Und so bekam ich eine ‚zweite' Familie und war dafür immer dankbar. Meine zweite Familie arbeitete in der Gastronomie. Die Familie arbeitete hart und baute das Geschäft sorgsam auf, erst ein Restaurant, dann drei und schließlich fünf. In der Familie gab es fünf Brüder und der älteste führte mich in das Geschäftsleben ein. Nach dem Kirchgang am Sonntag gab es immer ein großes Familienessen. Die Familie saß nach dem Essen immer noch gern zusammen und diskutierte über das Geschäft, und ich blieb gern dabei und hörte zu. Als die Brüder um den Tisch versammelt waren, dachten sie über die Probleme nach und entwickelten ihre eigenen Lösungen. Mein Mentor ermutigte seine Brüder immer, indem er sagte: ‚Die Probleme, denen wir uns heute gegenübersehen, sind zwar schwierig, aber sie zu lösen liegt nicht außerhalb unserer Möglichkeiten. Es gibt kein Wagnis, das menschliche Intelligenz nicht bewältigen könnte. Wir sind die Architekten unserer eigenen Zukunft.' Das ist die Lektion, die mich lehrte, wie ich heute Probleme angehe und löse."

„Ich bin glücklich und dankbar dafür, dass ich unter einem der besten Chefs gearbeitet habe. Er war ein Lehrer, Mentor und Anführer, der seinen Worten immer Taten folgen ließ. Er achtete immer die Verdienste anderer. Er bestand darauf, dass ich hart arbeitete, um die Menschen zu verstehen, die sich mit einen Problem befassten, aber auch mit dessen Lösung. Für alle hatte er tiefen und echten Respekt. Niemals sprach er über jemanden negativ. Und niemals unterschätzte er die Bedeutung von jemandem, mit dem er zu tun hatte. Er war der Beste."

„Er kannte den Vornamen eines jeden Mitarbeiters in der Firma."

„Er führt ein 5-Milliarden-Dollar-Unternehmen mit 29 000 Mitarbeitern. Er hat immer Zeit seinen Mitarbeitern zuzuhören, gleichgültig ob einzeln oder als Gruppe. Er glaubt fest daran, dass, wenn man Menschen respektiert und ihnen eine Gelegenheit bietet, sich einzubringen, die daraus resultierende Haltung und Motivation eine Wendung zum Positiven bringt."

„Wir standen unter massivem Druck, unsere Gewinnziele zu erreichen. Mein Chef rief mich zu sich, und ich glaubte, er wollte mir den üblichen Vortrag halten: ‚Arbeite hart, achte darauf, dass deine Leute hart arbeiten, gewinne sie für das Unternehmen.' Stattdessen fragte er mich: ‚Wie fühlen sich Ihre Leute? Wie fühlen Sie sich? Kann ich Ihnen irgendwie helfen? Kann ich Ihnen irgendwelche störenden Sachen abnehmen?' Dann sagte er ganz ruhig: ‚Die Arbeit, die Sie in dieser Zeit machen, entscheidet über Leben oder Tod des Unternehmens. Ich kann mir niemanden vorstellen, der diese Aufgabe besser lösen könnte als Sie.' Das nenne ich Motivation."

„Sie erzählte allen, welch wunderbarer Mensch ich sei und dass sie für mich betete."

„Ich dachte, ich sei ein Heißsporn – Infanterieoffizier, Fallschirmjäger, ich war geflogen. Ich war so unerfahren, dass ich meinen Chef zunächst unterschätzte, doch er war ein Chef, ein großartiger Chef. Er stärkte seine Untergebenen so, dass sie ihre Talente in Erfolge umsetzen konnten. Er übertrug uns so viel Verantwortung, wie wir

übernehmen konnten, oftmals mehr, als wir glaubten tragen zu können. Er mischte sich nicht in unsere Angelegenheiten ein und kontrollierte auch nicht ständig. Wenn er eine Aufgabe einmal delegiert hatte, dann war sie delegiert. Allerdings bestand er auf hervorragenden Ergebnissen. Er hatte erkannt, dass sein Erfolg auf dem Erfolg kompetenter Mitarbeiter beruhte. Er wusste, dass es seine Aufgabe war, seinen Leuten die Mittel an die Hand zu geben, mit denen sie die Aufgaben lösen konnten. Er lehrte mich, wie ich arbeiten sollte, und ich bin ihm immer dankbar für seine Geduld, seine Unterstützung und seine sichere und geschickte Führung."

„Er glaubt, dass Menschen nie aufhören sollten zu lernen und neue Wege zu beschreiten; dass das Ansehen eines Menschen von seiner Integrität und Ehrlichkeit abhängt und dass man diesen Maßstäben vor allem anderen folgen sollte."

„Er sagte mir immer: Treffen Sie die beste Entscheidung auf der Grundlage der Fakten, die Ihnen zur Verfügung stehen, und dann machen Sie das Beste aus dieser Entscheidung. Schauen

Sie nie zurück auf die Entscheidung und zweifeln Sie nicht an sich, wenn es neue Informationen gibt. Nutzen Sie die neuen Informationen, um Ihre Entscheidung zu korrigieren, und machen Sie weiter, so gut Sie können."

„Er war der erste Mensch in meinem Leben, der meine Arbeit objektiv und ehrlich beurteilte. Es war meine erste Anstellung, und ich hatte nicht so hart gearbeitet, wie ich es eigentlich hätte tun sollen. Mein Chef sagte mir: ‚Wenn ich mir Ihre Arbeit ansehe, dann bemerke ich, dass dies nicht der Mitarbeiter ist, den wir eingestellt haben, der immer alle Widerstände überwand, um erfolgreich zu sein. Wir haben Sie eingestellt, weil ein armes Elternhaus Sie nicht vom Studium abhalten konnte. Wir haben Sie eingestellt, weil Sie sich nicht durch einen Teilzeitjob von Ihrem Diplom abbringen ließen. Wir haben Sie eingestellt, weil Sie Ihre Aufgaben immer erledigt hatten, und das mit Glanz und Glorie. Ihre Arbeit ist nach unseren und Ihren Maßstäben schlampig und unvollständig. Nun, wie können wir Ihnen helfen, wieder auf Ihren Weg zurückzukehren, auf den Weg harter Arbeit und des

Erfolgs, den Sie auf dem College gegangen waren?' Und ich kehrte auf diesen Weg zurück."

„Ich hatte gerade erfahren, dass meine Frau eine inoperable Krebsgeschwulst und nur noch kurze Zeit zu leben hätte. Unsere Kinder waren zwei, drei und sieben Jahre alt. Ich arbeitete für ein kleines, aber wachsendes Unternehmen. Jeder arbeitete fünfzig oder sechzig Stunden in der Woche. Ich wusste, dass der Inhaber der Firma einen Kredit aufgenommen hatte und das Geld knapp war. Ich ging zu meinem Chef und bat ihn, mir freizugeben, damit ich bei meiner Frau und den Kindern sein konnte. Ich befürchtete, dass ich meinen Job verlieren würde oder einen Teil meines Gehalts. Ohne auch nur einen Augenblick zu zögern sagte mein Chef, ich sollte freinehmen und tun, was nötig sei. Wenn ich arbeitete, dann zu unterschiedlichen Zeiten. Mein Chef schickte meiner Frau jede Woche Blumen. Unsere Kinder bekamen jede Woche Spielzeug oder etwas anderes. Nachdem meine Frau gestorben war, ging ich zu meinem Chef und bat ihn um zwei Monate unbezahlten Urlaub. Doch während dieser acht Wochen fand ich jeden Freitag meinen Gehaltsscheck in der Post. Für diesen Mann würde ich alles tun. Er war besorgt,

mitfühlend und großzügig. Und jeder in der Firma wusste, was er tat, und jeder arbeitete so hart, wie er nur konnte, um diesem großartigen Chef zum Erfolg zu verhelfen."

„Sie war streng mit sich selbst und mit ihren Mitarbeitern – aber wenn es hart auf hart kam, stand sie voll und ganz hinter uns und verteidigte uns bis ins Letzte. Als wir alle gehen mussten, trauerten wir mehr um sie als um uns selbst."

Besondere Danksagungen

Eine Reihe von Führungskräften wurde eingeladen, eine Lektion – etwas, das sie heute tun – zu diesem Buch beizusteuern, die sie wiederum von einem wunderbaren Chef, Lehrer, Trainer oder Mentor erfahren haben. Vielen Dank allen, die einen Beitrag geleistet haben, und auch den Mentoren dieser Führungskräfte ein herzliches Dankeschön.

Besonderer Dank gilt den folgenden Personen, die Beiträge zu diesem Buch geleistet haben:

Anonyme Beiträge (4)

Michael Abberly – Vice President Marketing, Sandvik Coromant Company

James Baker – President, Sandvik Inc.

Ted Carl – Area Vice President, Applied Industrial Technologies

John Chickosky – Vice President, Bioprocessing Sales, Kendro

Jerry Culp – CEO, Danaher Corporation

William Davis – President und CEO, Congress Financial Corporation

Joseph C. Day – Chairman, CEO, Freudenberg-NOK General Partnership

David D'Eramo, Ph.D. – President und CEO, Saint Francis Hospital

Donald Fenton – Eigentümer/Manager, Fenton Associates

William Ferry – ehem. President, Eastern Mountain Sports

Randy Fitzhugh – Vice President Sales, Danaher Controls

James T. Flaherty – Partner, O'Connell, Flaherty & Attmore

Lee Flaherty – Gründer, Chairman, Flair Communications Agency

Joseph Grewe – President, Films, Foam & Fabrics Division, Saint-Gobain

James Hartnett – President, CEO, Longwood Industries, Inc.

Rod Hoyng – Vice President, Marketing, Millar Elevator Company

Christopher A. Jones – Chairman, CEO, The Jones Companies

Kevin Kalagher – President, Finlay Printing Company

Richard Kimball – Vice Chairman, Rock of Ages Company

C. T. „Gus" Kontonickas – Vice President, General Manager, Loctite Americas

Ayn LaPlant – Chief Operating Officer, Beekley Corporation

Erle Martin – President, Niebaum-Coppola Winery

Steven T. Merkel – President, Loctite Corporation

Joseph Mihalick – Vice President, Longwood Industries, Inc.

Reynolds Parsons – SSC Manager, Ingersoll-Rand

Paul Pedemonti – Vice President Sales, The Torrington Company

Steve Peltzman – ehemaliger President, OSI Pharmaceuticals

William Rieth – Senior Vice President/General Manager, United Advertising Media

Al Sholomicky – Store Merchandising Manager, Family Meds, Inc.

James Sugarman – President, Eastern Bag & Paper Company

David Sylvester – Vice President Commercial Sales, Ingersoll-Rand, Security & Sector Safety

Patrick Tomasiewicz – Partner, Fazzano, Tomasiewicz & Paulding

Cecil Ursprung – CEO, Reflexite Company

Richard Zahren – Vice President Automotive Coatings, PPG Industries, Inc.

Fox & Company Employees

Fox Family Members

Sehr herzlichen Dank auch an Mary Ellen O'Neill, Senior Editor, Hyperion Books, und an Doris Michaels von The Doris S. Michaels Literary Agency.

Tolle Chefs, Mentoren, Lehrer, Trainer und Eltern

Anonym (2)

Evelyn Boos – Verlagsleitung mvg/Redline Wirtschaft bei verlag moderne industrie, München

Martin Brüninghaus – Verlagsleitung Marketing und Vertrieb mvg/Redline Wirtschaft bei verlag moderne industrie, München

J. Kemler Appell – CEO, Arrow Corporation (im Ruhestand)

Mason Beekley – CEO, Beekley Corporation (verstorben)

Kenneth Butterworth – CEO, Loctite Corporation (im Ruhestand)

Francis Ford Coppola – Chairman, Neibaum-Coppola Winery

Felicia D'Eramo – Mentorin

E. Russell Eggers – COO, Loctite Corporation (im Ruhestand)

Merrill Fay – President, Eigentümer, Fay's Boat Yard, Inc.

Joseph E. Fazzano – Gründer, Fazzano, Tomasiewicz & Dewey (verstorben)

Bert Fernaeus – Outside Director, Sandvik, Inc.

Ralph Hart – Chairman-of-the-Board, Heublein, Inc. (verstorben)

Clas Ake Hedstrom – CEO, Sandvik AB

William Heidel – Heidel and Associates

Donald F. Hoyng – Mentor

Gene Jennings – Professor Emeritus, University of Michigan

Robert M. Jones – President, R. M. Jones & Company (verstorben)

Legh F. Knowles, Jr. – Chairman, Beaulieu Vineyard (verstorben)

Christie Lambrinides – CEO, Skyline Chile Corporation

Gertrude Laughery – Lehrerin, Towpath Elementary School (verstorben)

Paul McCann – Managing Partner, Merchant Banking Venture Partners

John Melvin – President, Cone Drive Textron (im Ruhestand)

Terry Noonan – COO, Furon Corp. (im Ruhestand)

Harris Parsons – CEO, MPS Sales (im Ruhestand)

Scott Pilkerton – Brigadier General, U.S. Air Force (im Ruhestand)

Frances Price – Mentor (verstorben)

Hugh Rowland – Gründer, CEO, Reflexite Company (im Ruhestand)

Harry Schell – CEO, Cablec Corporation (im Ruhestand)

G. William Seawright – CEO, Stanhome Corporation (im Ruhestand)

George Sherman – Chairman, Campell Soup Corporation

Harry Shields – Lieutenant Colonel, U.S. Army (im Ruhestand)

Jay Shoemaker – CEO, Coppola Companies

Bryce Sperandio – Executive VP Sales, Sandvik Coromant USA (im Ruhestand)

Arthur Sugarman – President, Sugarman Brothers, Division of Statler Industries (im Ruhestand)

Stichwortverzeichnis

A

Abschussliste 27
A-Klasse-Spieler 48
Angst 38
Anweisungen, klare 71
Arbeitsverhältnis,
  Beendigung des 39
Arbeitsvertrag 66
Aufmerksamkeit 85
Ausreden 146
Autorität 117

B

Bedanken 17
Befehlsgewalt 44
Begünstigungen 134
Beifall 13
Benehmen, schlechtes/destruktives 37
Bescheidenheit 55, 102
Beweglichkeit, geistige 172
Bewerber, richtiger 36
Bibel 68
Budgets 133
Bürokratie 155

C

Charakterzüge 167
Chef,
- aufmerksamer 28
- schrulliger 168
Coaching 142

D

D's, die zehn 52
Deeskalation 54
Delegieren 71, 80, 83
Demotivation 53
Demütigung 116

E

Eignungstests 35
Einstellungsentscheidung 45

Energie 171
Entlassung 40
Entscheidungen 75
- treffen 72
Erwartungen, große 84
Erziehung 25
Essen 104

F

Fehlbesetzung 34f., 45
Fehleinstellung 33
Fehler 71, 75, 96
Feuern 25
Fortbildung 25
Fortschritte 17
Fristen 133
Frustrationen 17, 38
Führung 142

G

Gehälter 21
Geld 21
Gerüchteküche 108
Gewerkschaft 22
Gleichgültigkeit 73
Glück 130
Gratifikation 112
Grundregeln 18

H

Herkunft 65
Hinweis 120

I

Idee 121
Informationen, perfekte 75
Inkompetenz 73
Innovation 140

K

Konfrontation 109
Können 48
Kontrolle 79, 83

Kraft 171
Kreativität 165
Kunde 21
- unzufriedener 23

L

Leistung(s-) 140
- eines Angestellten 51
- durchschnittliche 32
- gute 100
- schlechte 71
-schwäche 51
Lob 13
Loyalität 163

M

Mentor 58
Missbrauch 124
Mission 94
Mitarbeiter
- erstklassige 49
- fähige 15, 100
- gute 141, 161
- motivierte 15
- unfähiger 33
Mittelmaß 31, 73
Müdigkeit 172
Mut 102

N

Normen 169

P

Personal-
-auswahl 46
-entscheidungen 28
Position, richtige 16
Prämien, überraschende 112
Präsenz 19
Prinzipien 63, 126
Prioritäten 83
Produktivität 51

R

Regelungen, unsinnige 156
Regelwerk 154
Respekt 58, 116, 133
Ruf des Unternehmens 129

S

Sarkasmus 116
Selbstbeherrschung 121
Selbstsicherheit 102
Sonderzuwendungen 112
Spannung 39
Spesenkonten 122
Spitzenkräfte 16
Sündenböcke 146

T

Training 59, 140, 142

U

Umgangs-
-formen, gute 160
-ton 18
Umstrukturierung 32
Unternehmenshierarchie 44
Unterricht 150

V

Verantwortung 145
Vereinbarung 110
Verhalten(s-) 48
-regeln 151, 155
Versprechen 66, 92
Vertrag 66
Vertrauen 80, 163
Vetorecht 45
Vorbilder, positive 55
Vorgesetzte 18
Vorschriften 19
Vorstellungsgespräche 35

W

Weisheit 102
Werbeslogan 94
Wetten 173
Worte 107
Würde 58, 160

Z

Ziele 133
Zuhören 88
- objektiv 121
Zuwendungen 112